中学校社会科授業

生徒が考えたくなるキーフレーズ100

発問言葉かけ

大全

Hayashi Taishiro
林大志郎

明治図書

はじめに

　みなさんは，授業の中で生徒がどのような姿になっていることを理想としていますか。また，授業を通してどのように生徒が成長していくことを望んでいますか。

　本書では，「全員が生き生きと授業に参加する」「生徒が自ら学び続ける」ことを目指したキーフレーズを紹介しています。

　生徒が学習課題に取り組む際，はじめは課題に取り組むことができなかった生徒が，自らの手で，あるいは他者と協力しながら学習できるようになる。時には，教師から与えられた課題や資料を超えて，生徒が自ら学ぶようになる。そんな姿を思い描いています。

　実際に達成することは容易ではありません。しかし，少しでもその理想を達成するために，発問や言葉かけを工夫しています。

　近年では変わってきていると思いますが，私が中学校教師になったばかりのころは，知識伝達型の授業，いわゆる講義を中心とした授業も散見されました。

　すべての場面で知識を伝達することを否定するわけではありません。知識伝達を行ってから，生徒が思考する場を設けるというような授業構成も考えられます。

　しかし，もし知識伝達を目的とした講義型の授業が主となっているのであれば，それが「長期的に見て，本当に生

徒のためになっているのか」を考え直す必要があります。

　授業におけるねらいを，学習指導要領の目標や内容を踏まえつつ，現代社会の変化，目の前の生徒を捉え，再構成していく必要があります。

　しかし，中学校の授業づくりにおける課題として，講義型の授業から脱却したいと考えながらも「やり方がわからない」「自分のやり方でよいのか自信がない」という先生方もいらっしゃるのではないでしょうか。私自身がそうでしたが，授業準備の時間が確保できなければ，講義型で授業を進めることもありました。そのような授業スタイルから少しでも脱却を図ろうとしてきた中で生まれてきたのが，本書で紹介するキーフレーズである発問や言葉かけです。

> 生徒がより深い学びに到達する。
> 生徒が中心となって活動し，思考する時間が主となる。
> 全員の生徒が生き生きと授業に参加している。

　この本を手に取られた読者の方々も，これらのような願いをもっていらっしゃるのではないでしょうか。このような授業は，教師からの発問をきっかけとしてつくられていきます。

　この本では，100のキーフレーズを紹介しており，今まで実践してきた中でも，先述のねらいの達成に近づいたと感じているものを中心に紹介しています。

本書の中では,
①全員参加できる授業にするためのキーフレーズ
②資料の読み取りを深めるためのキーフレーズ
③社会との関わりに気づかせるためのキーフレーズ
④疑問や問いをもたせるためのキーフレーズ
⑤各分野の学びを深めるためのキーフレーズ
というように,それぞれの目的に応じたキーフレーズを紹介しています。

　ポイントとして,キーフレーズは単体で使ったとしても,その効果を十分に発揮することはできません。その目的や,効果,または負の側面を考えたうえで使うことが大切です。

　また,最終的には目の前にいる生徒に合わせて発問や言葉かけも変えていく必要があります。私が日々向き合っている生徒と,みなさんが向き合っている生徒は同じではないからです。生徒の発達段階,学習経験,生活経験,興味・関心によって,授業中の思考の流れは変わってきます。

　しかし,多くの選択肢があるということが,教師としても自信をもって,教壇に立つことにつながり,生徒をより深い学び,より楽しい学びへといざなうことにつながります。

　ここで紹介しているキーフレーズが,みなさんにとってアイデアや技の1つとなることを期待しています。

2023年5月

　　　　　　　　　　　　　　　　　林　大志郎

もくじ

はじめに

第1章
社会科授業で使える
キーフレーズの目的と価値／15

第2章
目的別
社会科授業で使える
キーフレーズ100

1　全員参加できる授業にするためのキーフレーズ

導入
　001　○○と言えば何かな？／22
　　　　（学びの見通しと生徒の実態把握）
　002　クイズです！／24
　　　　（全員参加できる導入）
　003　みんなに紹介しよう／26
　　　　（生徒主体の導入）
　004　なぜAにもかかわらず，Bなのかな？（導入）／28
　　　　（知的好奇心の刺激）

展開

005 なぜAにもかかわらず，Bなのかな？（展開）／30
(学習のねらいの達成)

006 Aの人々にとって，Bはどんな存在なのかな？／32
(人々と対象との関係性の把握)

007 図や矢印でつながりを表そう／34
(事象同士のつながりの視覚化)

008 ランキングにしてみよう／36
(根拠を明確にした話し合い)

009 自分の役割を果たそう／38
(他者の学びへの貢献と自己効力感)

010 自分と反対の立場でも意見をつくろう／40
(自分の考えの批判的考察)

011 AかつBにするためにどんなことができるかな？／42
(トレードオフからトレードオンへ)

012 予想を立ててみよう／44
(課題を解決するための見通し)

013 どんな情報や資料がほしいかな？／46
(課題を解決する方法の見通し)

話し合い

014 この話し合いの目的は何だろう？／48
(話し合いの目的の確認)

015 「なるほど。私は…」から話そう／50
(話し合いの土台づくり)

016 相手の考えを進んで聴けるといいね／52
(傾聴する態度の育成)

017 考えが広がった部分はどこで，
考えが確かめられた部分はどこか／54
(他者との共通点，相違点への着目)

018 10点満点で評価しよう／56
(数値化による分析)

問い返し

019 それって，具体的にはどういうこと？／58
(抽象と具体の結びつけ)

020 本当にそれだけかな？／60
(粘り強く追究する態度の育成①)

021 すると，どんなことが起きるかな？／62
(粘り強く追究する態度の育成②)

022 たまたま…したのかな？／64
(因果関係の確認)

支援，評価

023 あと○分で考えをまとめよう／66
(目的に応じた時間配分)

024 どこを見たら，考えることができそうかな？／68
(個別の支援)

025 「ここまで考えられました」が言えるといいね／70
(「わからない」の捉え直し)

026 ○○がさらによくなっているね／72
(生徒の成長の言語化)

まとめ

027 みんなのキーワードをつなげてみよう／74
(大切な学びの抽出)

028 新たな発見はあったかな？
なぜその発見が生まれたのかな？／76
(考えの変容とその契機)

2 資料の読み取りを深めるためのキーフレーズ

029 ○○を探してみよう！／78
(わくわく感のある読み取り)

030 隠れているものは何かな？／80
（資料の焦点化①）

031 ○○のまわりはどうなっているのかな？／82
（資料の焦点化②）

032 ○○がいつのものか確認しよう／84
（基本事項の読み取り）

033 資料の全体を見て気づくことは？
資料の細部を見て気づくことは？／86
（資料の全体と細部への着目）

034 何の割合が高くて，何の割合が低いかな？／88
（比較による特徴の明確化）

035 何が増加して，何が減少しているかな？／90
（変化の視点をもった読み取り）

036 みんなで協力して見比べよう／92
（複数の目での読み取り）

037 どこから読み取ったのかな？／94
（読み取りの視覚化，共有）

038 関連づけて考えよう／96
（複数の資料の関連づけ）

039 どれにあてはまるだろう？／98
（読み取った情報の分類）

040 ○○と比べて，どんなところが違うかな？／100
（学習経験のある資料との比較）

041 実際に触ってみよう！／102
（実物による知的好奇心の喚起）

3 社会との関わりに気づかせるためのキーフレーズ

042 正式名称は何かな？／104
（身の回りのものと社会との関わり①）

043 身の回りにないかな？／106
（身の回りのものと社会との関わり②）

044 みんなの住む○○と比べて,
　　△△にはどんな特徴があるかな?／108
　　(生活する地域と他地域の比較)

045 もし,みんなが○○に行くとしたら／110
　　(学習内容に対する想像力の喚起①)

046 もし,みんなが当時の○○だったら／112
　　(学習内容に対する想像力の喚起②)

047 なぜ私たちは,○○しようとするのかな?／114
　　(既存の価値観の揺さぶり)

048 ○○がなければ,どんなことに困るかな?／116
　　(身近なものや仕組みの役割)

049 今の私たちは困らないですよね?／118
　　(違う立場の人々や将来世代が困ることへの気づき)

050 ○○には,目をつぶるべきではないかな?／120
　　(見逃したくなる課題への着目)

051 協力するとできること,
　　○○だからできることを考えよう／122
　　(影響力と実現可能性)

052 …するために,○○から何を学び,
　　どう生かしていけるかな?／124
　　(学びをよりよい社会の創造に生かす視点)

4　疑問や問いをもたせるためのキーフレーズ

053 疑問に思うことはないかな?／126
　　(自らの意思で学習を進める態度)

054 「本当にそうなのかな」と思うことはないかな?／128
　　(「見えていないこと」の可視化)

055 意外だなと思うことはないかな?／130
　　(生活経験とのズレから生じる疑問)

056 ○○と比べて,おかしいと思うことはないかな?／132
　　(学習経験とのズレから生じる疑問)

057 ○○に着目してみて，気になることはないかな？／134
(疑問や問いの方向づけ)

058 その疑問をもった理由も
一緒に発表してください／136
(疑問から問いへの転化①)

059 調べてみたいことはないかな？／138
(疑問から問いへの転化②)

060 さらに疑問に思ったことはないかな？／140
(より深い学びを必要とする疑問や問い)

061 よくわからなかったことは，
これからどうしたいかな？／142
(さらなる学習)

5　各分野の学びを深めるためのキーフレーズ

地理的分野

062 カードを並べて，世界地図をつくろう／144
(六大陸と三大洋の位置)

063 貝殻島の資料から，
なぜだろうと思うことはないかな？／146
(領土問題)

064 ○○とはどんなものか，
考えながら動画を見よう／148
(動画の視聴)

065 なぜ同じ○○の中でも，△△が違うのかな？／150
(範囲の中での違い)

066 ヨーロッパの人々にとって，
教会とはどんな場所かな？／152
(ヨーロッパの人々とキリスト教の関わり)

067 フェアトレード商品が広がると，
どんなよさが生まれるかな？／154
(様々な立場からの考察)

068 アフリカの経済と私たちの生活は，
　　どうつながっているのかな？／156
　　（離れた地域との結びつけ）

069 「様々な文化を尊重する」とは，
　　どういうことかな？／158
　　（生徒自身の言葉への置き換え）

070 交通網の発達は，
　　日本中の人々を便利にしたのかな？／160
　　（公正の視点）

071 紀伊山地の森林を守ることは，
　　何を守ることにつながるのかな？／162
　　（メリットの多面的な考察）

072 午前2時から収穫するレタス農家
　　の苦労は報われるのかな？／164
　　（価値を高める工夫）

073 変わらないことに価値があるものが，
　　なぜ変わってきているのかな？／166
　　（「当たり前」の揺さぶり）

074 実際の様子を見てみよう／168
　　（ICTによる視覚化）

歴史的分野

075 歴史は変わるか，変わらないか／170
　　（歴史の授業開き）

076 現代と古代の中国で，
　　印鑑の使われ方はどう違うのかな？／172
　　（現代とのつながり）

077 どんな点で，武士の気風に合った，
　　力強くわかりやすい文化なのかな？／174
　　（文化と作品の合致）

078 ストーリーにしてまとめよう／176
　　（人間関係や時系列の整理）

079 なぜトイレの普及が交通の発達と
つながっているのか考えよう／178
（見えにくいつながりへの着目）

080 なぜ私たちは○○を想像できるのかな？／180
（歴史と生活経験の結びつけ）

081 年貢として米を運ぶなら，
全部江戸へ持って行けばよいのではないかな？／182
（複数の見方・考え方）

082 当時の日本は，どの国に対しても
平等な態度で接したのかな？／184
（国に対する態度の違い）

083 学んだことを思い返すと，
さらに調べてみたいことはないかな？／186
（学習経験の振り返り）

084 だれが，だれに向かって，
何のためにものを投げているのかな？／188
（自由民権運動の広まりと政府による弾圧）

085 欧米の文化や生活様式を取り入れることに
抵抗はなかったのかな？／190
（従来の文化の見直し）

086 不景気により，
アメリカはどうなってしまったのかな？／192
（株価の大暴落が招いた経済的混乱）

087 なぜ木炭自動車が
よく使われるようになったのかな？／194
（戦争中の代用品）

088 なぜ日本は戦争をやめようとしなかったのかな？／196
（戦争の長期化が人々の意識に与えた影響）

089 みんな何に夢中になっているのかな？／198
（新しいマスメディアの影響）

090 今も変えられずに
問題となっていることは何かな？／200
（現代に続く課題）

公民的分野

091 伝統文化のどこは変わらず,
どこは変わっているのかな?／202
（伝統文化の変容）

092 立憲主義と民主主義,
片方が欠けると何が起きるかな?／204
（立憲主義と民主主義の意味）

093 日本国憲法ができて, 私たちはどんなことに
安心できるようになったのかな?／206
（日本国憲法の役割）

094 法律があれば, 偏見や差別のない
社会をつくることができるのかな?／208
（差別解消に向けた意欲）

095 なぜごみ袋の値段が地域によって違うのかな?／210
（自治体ごとの取組の違い）

096 保護者の方は,
地域住民としてどう考えるかな?／212
（保護者に意見をもらうための発問）

097 企業と社会全体にとって,
どんなよさが生まれるのかな?／214
（責任を果たすことで生まれる利益）

098 円の価値が上がったのか, 下がったのか,
どちらかな?／216
（円高, 円安）

099 日本が活躍するために,
どんな取組ができるかな?／218
（国際的な視野で見た日本経済）

100 先進国が発展途上国に
製品をつくらせるのをやめてはどうかな?／220
（貧困問題への取組）

第 1 章

社会科授業で使える
キーフレーズの目的と価値

全員参加できる授業にする ……………………………………………… 16

資料の読み取りを深める …………………………………………………… 17

社会との関わりに気づかせる …………………………………………… 18

疑問や問いをもたせる ……………………………………………………… 19

各分野の学びを深める ……………………………………………………… 19

全員参加できる授業にする

　授業の大前提として「全員参加」があげられます。これを達成するには「参加したい」「参加できそうだ」と生徒が感じられるようにする必要があります。本書では，より多くの生徒が学ぶことができる，または学びたくなる環境にするための発問や言葉かけを紹介しています。

　授業の導入では，**「クイズです！」**のように，全員を平等な立場に立たせたうえで授業における学びとつなげていきます。また，**「みんなに紹介しよう」**などのキーフレーズを使うことで，生徒主体の導入とし，学びへの窓口を広げていきます。

　学びへの窓口を広げた後は，**「なぜＡにもかかわらず，Ｂなのかな？（展開）」**や**「予想を立ててみよう」**などのキーフレーズを使い，生徒が考えたくなる課題とし，その課題について，見通しをもたせます。

　時には，**「それって，具体的にはどういうこと？」「どこを見たら，考えることができそうかな？」**などのように問い返しや支援の言葉かけを行いながら学びを深め，生徒が学びに対する自信をもつことができるようにします。

　導入から展開で，生徒同士による話し合いを行いながら学習課題について考察した後，まとめへつなげることで，全員参加の授業を目指します。

資料の読み取りを深める

社会科では，「資料が命」と言われます。資料を読み取る力がつくことで，授業における主な学習課題に対する学びが深まります。ただ漫然と，「気づいたことを書きましょう」と指示していても，資料から読み取れる情報の質と量は深まりません。

資料の提示方法を工夫したり，生徒自身の技能を高めたりすることで，より根拠のある意見をつくることができます。

例えば，**「○○のまわりはどうなっているのかな？」**のように資料を焦点化することで，生徒は授業のねらいに近づく部分に集中して思考を行うことができます。

また，**「何の割合が高くて，何の割合が低いかな？」**や**「何が増加して，何が減少しているかな？」**では，キーフレーズを用いることで，産業の特色や変化を読み取るための技能を高めていきます。

最初のうちは，キーフレーズを使用し，教師から読み取りの方法を示しますが，定着すれば，教師からキーフレーズを使う機会を減らすことができます。

教師からのキーフレーズを使う機会が減るということは，生徒の力が高まっているということでもあります。

社会との関わりに気づかせる

　学びが，自ら生きる社会とつながっている，そこに生かせると思うからこそ，生徒の学ぶ姿勢に真剣さが生まれます。

　本書では，キーフレーズを使って，日常生活の中にある「見えない部分，見えにくい部分」に焦点を当てていくことで，社会との関わりに気づかせることをねらっています。

　「正式名称は何かな？」「身の回りにないかな？」などのキーフレーズでは，身の回りにある社会の仕組みや役割に気づかせます。

　他にも，**「今の私たちは困らないですよね？」「○○には，目をつぶるべきではないかな？」**などのキーフレーズにより，現代社会の課題に対する当事者意識を高めていきます。

　また，ここでは**「もし，…だったら」**を使うことで，学習内容に対する想像力を喚起するようなキーフレーズを紹介しています。使い方には注意する必要がありますが，上手く使うことができれば，生徒がより一層「やってみたい，考えてみたい」と思えるような授業にすることができます。

　「協力するとできること，○○だからできることを考えよう」では，教師がメリットとデメリットを理解したうえで，発問を行うことで，生徒にとって実現可能性を感じられつつ，社会的な影響力を高められる解決方法を構想していきます。

疑問や問いをもたせる

「教師から与えられた問い」と「生徒自身の中から生まれた問い」，生徒がより学びに向かって動き出すのはどちらでしょうか。

ここでは，**「疑問に思うことはないかな？」「『本当にそうなのかな』と思うことはないかな？」**などのキーフレーズにより，生徒が自分で疑問や問いをもてるようにします。

ここでのポイントが，生徒がもつ疑問や問いが「授業のねらいを達成するものになっていくか」ということです。そこで**「○○と比べて，おかしいと思うことはないかな？」「○○に着目してみて，気になることはないかな？」**などのキーフレーズで，学びに方向性をもたせていきます。

また，疑問を問いへと高めていくために，**「その疑問をもった理由も一緒に発表してください」「調べてみたいことはないかな？」**などのキーフレーズを使った授業を紹介しています。

まとめでは，疑問や問いを解決していくとともに，さらなる学習につながるようにしていきます。

各分野の学びを深める

ここでは，各分野における学びを深めるための具体的なキーフレーズを紹介しています。

地理的分野では，**「貝殻島の資料から，なぜだろうと思**

うことはないかな？」というキーフレーズにより，領土問題に対する課題意識を高めていきます。また，「紀伊山地の森林を守ることは，何を守ることにつながるのかな？」では，自然環境を守ることにどのようなメリットがあるのか多面的に考察できるようにしています。地理的分野における学びの中で，生徒が多角的・多面的に考察できるようなキーフレーズなどを紹介しています。

　歴史的分野では，歴史の流れを覚えるだけでなく，歴史上の出来事が人々にどんな影響を与えたかを考察できるようにしていきます。授業開きでは，社会科は暗記科目というイメージを変えるため「歴史は変わるか，変わらないか」のキーフレーズで，考え方の中に幅があることを捉えさせます。「なぜ木炭自動車がよく使われるようになったのかな？」では，戦争が人々の生活にどのような影響を与えたのか考えるきっかけとなる導入を紹介しています。

　公民的分野では，現代社会の特色や，課題を捉えられるようなキーフレーズを紹介しています。「伝統文化のどこは変わらず，どこは変わっているのかな？」では，キーフレーズにより伝統文化の変容を捉えつつ，その後の発問で，どのようなことに影響を受けて伝統文化が変化しているのかを考察していきます。また，「先進国が発展途上国に製品をつくらせるのはやめてはどうかな？」では，現代社会の課題を捉え，生徒が対話によって，課題解決に向けて構想できるようにしています。

第**2**章
目的別
社会科授業で使える
キーフレーズ100

1 全員参加できる授業にするためのキーフレーズ ………… 22

2 資料の読み取りを深めるためのキーフレーズ …………… 78

3 社会との関わりに気づかせるためのキーフレーズ …… 104

4 疑問や問いをもたせるためのキーフレーズ …………… 126

5 各分野の学びを深めるためのキーフレーズ

地理的分野 …………………………………………………… 144

歴史的分野 …………………………………………………… 170

公民的分野 …………………………………………………… 202

○○と言えば何かな?

（学びの見通しと生徒の実態把握）

生徒が，単元や授業に対する学びへの見通しをもてるようにしつつ，教師は生徒の実態を把握します。

（地理的分野「ヨーロッパ州」）

T　今日からヨーロッパ州について学習していきます。「ヨーロッパ」と聞いて，思いつくものには何がありますか。国名以外で教えてください。

S　エッフェル塔！

S　ワイン！

T　いろいろありそうですね。では全員起立してください。**ヨーロッパと言えば何かな?**　今から隣の人とペアになって，10個以上言えたペアは座りましょう。教科書や資料集を使ってもかまいません。それでは，よーい，スタート！

（教科書や資料集をめくる生徒たち）

S　できた！

T　できたペアは座ったままでよいので，他にもないか探しましょう。

S　うーん，10個は出てこない…。

この発問は単元や授業における導入で行います。

この発問の目的は，主に次の2つです。

①教科書や資料集から，単元，授業全体でイメージするものを探すことで，生徒がどのような学習をするか大まかな見通しをもてるようにする。

②作業の様子を観察することで，生徒が単元などに対してどの程度，知識や興味・関心をもっているのか実態を把握する。

②については，単元の学習に入る前に，単元全体の大まかな構想を計画します。しかし，授業における詳細な発問などは，生徒がどの程度知識や興味・関心をもっているのかによって変更します。**「この内容については理解しているはずだ」「これには関心をもつに違いない」と思い込んで授業を行うと，失敗してしまいがち**です。

単元や授業の学習内容とつながるものを素早くイメージできる生徒は，既有知識をすぐに引き出すことができる力や，教科書や資料集から必要な情報を見つけ出す力をもっていることが考えられます。逆に，苦労している生徒には，支援が必要な可能性があります。

この発問だけでは個人の詳細な実態の把握は難しいため，クラス全体の大まかな実態の把握に用います。この発問以外にも，単元を貫く学習課題に対して立てた予想や，ワークシートに書いた考えなど様々な方法で，生徒の実態を把握し，ねらいを達成できる授業計画の作成に生かしましょう。

クイズです！

（全員参加できる導入）

全員がわくわくしつつ，授業のねらいにつながる導入にします。

（地理的分野「日本の地形」）

T　みなさんは，地球一周はおよそ何kmほどか知っていますか。

S　約4万kmです。

T　その通りです！　よく知っていますね。
　　では，ここで**クイズです！**　日本の海岸線の長さは，次のうちどれでしょうか。
　　①約350km　②約3,500km　③約35,000km

S　海岸線って何ですか。

T　陸と海との境目になる部分のことです。
　　①～③でこれだと思うところに手をあげましょう！
　　（挙手で確認する）

T　正解は，③約35,000kmです。

S　長い！　地球一周とそんなに変わらないじゃん。

T　なぜこんなにも日本の海岸線は長いのでしょう。
　　地図帳を使って日本の海岸線に着目してみましょう。

　生徒がわくわくすることだけを考えた社会科ネタをクイズとして提示すると，その瞬間は盛り上がりますが，授業展開にはつながりません。また，社会科好きな生徒にとっては楽しい時間であっても，興味のない生徒にとっては，さしておもしろくもない時間になってしまいます。

　そこで，授業の導入としてクイズを行うときには，以下のことを意識します。

①全員が平等に参加できる内容であること

②授業のねらいとつながること

　①については，「数字だけで答えられるような内容にする」「選択肢を示す」など，だれもが参加できる状況をつくる方法だけでなく，「だれも正解がわからない（もしくはわかる生徒がかなり少ないと予想される）クイズにする」という方法でも，全員を平等な立場に立たせることができます。

　そして，導入は生徒をわくわくさせるものであると同時に，授業の本質的な学びにつながる必要があります。この例でのクイズと学習とのつながりは「日本が海洋に囲まれていることや，海岸線が複雑に入り組んでいることに気づくことをきっかけに，日本の地形に興味をもつ」ことです。生徒は日本の形を観察し，リアス海岸などの地形に着目します。このキーフレーズをきっかけとして，日本の地形にはどのような特色があるか考えていきます。**生徒が考えるためのしかけとしてクイズを利用している**のです。

みんなに紹介しよう

（生徒主体の導入）

事前に調べ学習を行うよう課題を出しておき，その内容を紹介し合うことで，生徒主体の導入にします。

（公民的分野「現代社会と文化」）

（みんなが「へぇっ！」と驚くような日本と海外における文化の違いを調べておくよう，事前に指示をしている）

T　今日は，文化が私たちの生活にどのような影響を与えているかを学習します。

　　今から「へぇっ！」と驚くような，日本と海外における文化の違いを**みんなに紹介しよう**。

　　みなさんが調べてきたことを，班で紹介し合い，どの文化の違いが一番驚いたか決めてください。それを全体で発表してもらいます。

S　日本では，ご飯を食べるときにお茶碗を持つけど，韓国では持ちません。

S　へぇっ！　そうなんだ。では，私が調べてきたことを紹介します。アメリカの学校では…

　このキーフレーズの目的の１つは**「日本と海外の文化にはどのような違いがあるかを調べ，紹介し合う中で，文化の多様性に生徒が自ら気づく」**ことです。日本と海外における文化の違いは，教師側から提示することも可能です。しかし，生徒同士で紹介し合うことで，より多様な意見が出ます。自分が調べる過程や，紹介された内容から，世界の多様な文化に対する興味・関心を高めた後「文化は，私たちの生活にどのような場面で関わっているのか」「文化は，私たちの生活をどのように豊かにしているのか」について考えていきます。

　また，もう１つの目的は**「授業時間以外の学習も生徒がおもしろいと感じる」**ことです。「宿題とはワークなどの問題を解くこと」「宿題はやらなければいけない大変なもの」と捉えている生徒もいます。そのように捉えている生徒が，自分で興味をもったことについて調べることで「学ぶことは楽しいこと」と少しでも感じてくれることを期待しています。

　内容によっては，教師が紹介するものより信頼性に欠けることがあるかもしれません。しかし，先述のように生徒が「学ぶことは楽しいこと」と捉えることに重点を置き，このような導入を行います。

　生徒があっと驚くような話は，思わず教師から紹介したくなってしまう場面ではあります。そこをぐっとこらえて生徒に任せることで，より生徒主体の授業のスタートにすることができます。

なぜAにもかかわらず，
Bなのかな？（導入）

（知的好奇心の刺激）

相反するAとBという事象の間にある「なぜ」について考えることで，生徒の知的好奇心を刺激します。

（地理的分野「高地に住む人々の暮らし」）

（高地の暮らしの学習の導入として，ポンチョの実物を生徒に提示する（ポンチョの画像でも可））

T　この民族衣装は，どのような気候で暮らす人々のものでしょう。実際に着てみたい人はいますか。

S　はい！

T　では，着てみてください。どのような気候で暮らす人々のものだと思いますか。

S　暖かいので，風が強くて，寒い地域だと思います。

T　これは，ペルーのクスコ付近で使われる民族衣装です。ペルーのクスコの場所を確認しましょう。

S　赤道の近くです。

T　赤道付近だと気温はどうなりますか。

S　高くなるはずです。

T　**なぜ赤道付近にもかかわらず，暖かい民族衣装が使われているのかな？**

「赤道付近は熱帯が多いので，暖かいはず」という生徒の予想に反する「赤道付近にもかかわらず，暖かい民族衣装が使われる」という事実を提示することにより，今までもっていた知識と，提示された事実の間に「空白」が生まれます。この空白が生徒の知的好奇心を刺激することにつながります。すべての生徒の知的好奇心を刺激できるわけではありませんが，このような「なぜAにもかかわらず，Bなのかな？」という発問は，生徒に「考えたい」と思わせる問いになり得ます。

この例では，**生徒の学習意欲が高まった状態で，展開へ移るための導入として，この発問を行っています。**この後の展開では，標高が高い地域では，どのような気候になるかを確認した後，「標高が高い地域に暮らす人々は，どのような生活をしているのだろう」という発問を行い，農業，食生活，衣服，家について，それぞれの特徴と，なぜそのような特徴があるのかを考えていきます。

先述のように，導入における発問は授業のねらいとつながるようにすることが大切です。例えば，同様の発問でも，「なぜ赤道付近にもかかわらず，気温が低いのだろう？」に対する答えは「標高が高いから」となり，展開における学習内容とのつながりが弱くなります。「なぜ暖かい民族衣装が使われているのか」を尋ね，標高だけでなく「この地域で飼育されている動物の毛が使われているから」など人々の暮らしにも着目して考えられるようにすることで，展開における学習内容とつながりをもたせています。

なぜAにもかかわらず，
Bなのかな？（展開）

（学習のねらいの達成）

　展開では，生徒の知的好奇心を刺激しつつ，授業の
ねらいを達成できる発問にしていきます。

（歴史的分野「江戸時代における産業の発達」）

（千歯こきや備中鍬を使う様子を見てこれらが米づ
くりにおいてどんな点で便利だったか確認する）

T　なぜ，このころ，新しい道具を生み出すなど，農業
における工夫がなされたのでしょうか。

S　江戸時代には，人口が増加した分，食料を増やす必
要があったからです。

（人口増加に対応するためにどんな工夫をしたのか，
幕府，農民それぞれが行ったことを調べる）

S　幕府は用水路を造るなど，新田開発に力を注ぎまし
た。農民は，道具や肥料を使って工夫しました。

T　なるほど。こうして米の生産量が増え，人々の生活
が安定してくるようになると，各地で特産物が生産
されるようになりました（綿花などを紹介する）。
<u>なぜ幕府が力を入れたのは米づくりだったにもかか
わらず，特産物の生産が盛んになったのかな？</u>

　「なぜAにもかかわらず，Bなのかな？」という発問を
行う場合には，**知的好奇心を刺激するだけでなく，授業の
ねらいを達成する発問となっているか十分検討する必要が
あります。**この事例の発問で，ゴールとなる捉えさせたい
学習内容は以下の通りです。

> 　米の生産量が増えたことで，人々の生活が安定し，
> 日用品に対する需要が高まった。しかし，貿易統制に
> よって，国内に日用品が入ってこなくなったため，国
> 産化する動きが広がった。

　米づくりと特産物の生産という，一見関係性が低いよう
に見える2つの事象の因果関係について考えることで，ね
らいとなる学習内容を捉えられるようにしています。

　発問の前半部分である「Aにもかかわらず」については，
どのような目的でそのような文章にしているのかを明確に
することが大切です。例えば「なぜ特産物の生産が盛んに
なったのだろう」という発問にすると，特産物の生産が盛
んになった理由について，どこに着目して考えればよいか
が難しくなります。「米づくりだったにもかかわらず」と
いうフレーズは「因果関係に着目しよう」という指示を含
んでいます。

　「学習のスタート」だけでなく，どのように，何を学ぶ
かという「学習の道のりやゴール」に着目して発問を練る
ことができているか振り返ってみましょう。

Aの人々にとって，
Bはどんな存在なのかな？

（人々と対象との関係性の把握）

> 人々と，対象（物）との関係性を捉えさせるための発問です。

（地理的分野「九州地方」）

（NHK for School『火山の多い九州地方』と『火山の恵み』の動画を見る）

T　**九州地方の人々にとって，火山はどんな存在なのかな？**

S　温泉に利用するなど，便利なこともあるけれど，噴火や火山灰などの災害をもたらす存在。

S　よいところもあるけれど，火山があることで不安なことも多いんじゃないかな。

（授業を展開し，まとめとして）

T　最初の発問に対して，さらに考えたことや，考えが変わったことを書きましょう。

S　私たちからすると怖い存在かなと思っていたけれど，九州地方に暮らしている人々にとっては，観光に役立てていたり，火山灰などのデメリットにも対応する工夫をしたりして，生活の一部になっています。

　人々と，対象（物）との関係性を捉えさせるための発問です。**同じ対象でも，地域や時代によって，人々と対象の関係性は変わってきます。**

　この授業では，九州地方の人々と火山の関係性について考えていきます。しかし，身近に火山がない生徒と九州に暮らす人々では，火山との関係性が異なるため，生徒は火山が身近にある生活はイメージしにくいということがあります。

　導入でこの発問を行うと，「火山は不安に感じる存在」というように，負の側面に目が向きがちです。そこで展開では，火山が身近にあることのメリットとデメリットについて考えます。九州地方の人々は火山のメリットを観光業やエネルギー産業にどう生かそうとしているのか，デメリットを減らすためにどのような工夫や対策を行っているのかを調べ，火山と共に暮らす人々がどのような生活をしているのか理解できるようにします。

　学習を行った後，まとめでもこのキーフレーズによる発問を行うと「九州地方の人々は，火山がもつよさを生かしつつ，課題を減らせるよう工夫しながら，共に生活をしている」というように，人々と火山が共存している関係性を捉え，生徒の考えは変容していきます。

　この他にも，ヨーロッパ州における学習では「ヨーロッパの人々にとって，教会はどんな存在なのかな？」と，ヨーロッパの人々の生活と教会（キリスト教）の関係性を捉えさせるためにこのキーフレーズを使用できます。

図や矢印で
つながりを表そう

（事象同士のつながりの視覚化）

　事象同士のつながりを視覚化し，順序立てて考えて
いきます。

（歴史的分野「工業化の進展による影響」）

（都市部では産業の発達によりどのような生活の変
　化があったのか，また，地租改正により土地の売買
　が可能になったことを確認する）

T　産業の発展や地租改正は，農村の生活にどのような
　影響を与えたのでしょうか。**図や矢印でつながりを**
　表そう。

　（ステップチャートで表した後，班で考えを共有す
　る）

S　地主の中には，土地を売ったお金で，企業や株に投
　資して，資本家になる人々がいました。一方，土地
　を手放した人々は小作人になって，小作料を払いな
　がら農業をする人もいました。産業の発展や地租改
　正は，同じ農村の中でも，格差が広がることにつな
　がったと思います。

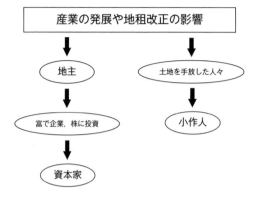

　「産業の発展や地租改正は，農村の生活にどのような影響を与えたのでしょうか」という発問に対して，**事象同士のつながりを視覚化して，順序立てて考えるために，「ステップチャート」という思考ツールを用います。**

　生徒は，上の「地主」と「土地を手放した人々」の続きを作成し，矢印の先につながる事象や，他の事象同士を矢印でつなげていきます。

　最初から文章化することも可能ですが，それだけでは事象同士のつながりが見えにくい場合があります。ステップチャートにより視覚化することで，事象同士のつながりが見えてきます。また，地主と土地を手放した人々の生活を比較しやすくなり，同じ農村の中でも格差が広がったことが捉えやすくなります。

　ステップチャートだけでなく，思考ツールには様々なものがあります。最終的には，考察に向けて，必要な思考ツールを生徒が自分自身で選択できることを目指します。

ランキングにしてみよう

（根拠を明確にした話し合い）

ランキングづくりを通して生徒の中に葛藤を生み，根拠を明確にした話し合いにしていきます。

（歴史的分野「敗戦後の日本」）

T　戦後，日本の改革を進めたのはマッカーサーを中心としたGHQでした。GHQは，日本の非軍事化や民主化を進めます。

戦後の日本は「新しい日本」と言われることがあります。日本が「新しい日本」となるために，より影響を与えた改革は何だったでしょうか。

理由をはっきりさせたうえで，**ランキングにしてみよう**。

（個人でランキングをつくる時間を確保した後，班で1つのランキングにまとめるよう指示する）

S　憲法が変わったことは，国全体に影響を与えているから，1位になると思う。

S　財閥解体や農地改革より，教育基本法ができたことの方が，長い期間で見ると，日本を変えることにつながってるんじゃないかな。

（象徴天皇制，男女普通選挙，教育基本法，財閥解体や農地改革，日本国憲法，非軍事化をランキングづけする）

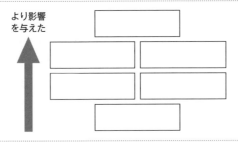

「戦後の日本は，どのような点で『新しい日本』と呼べるのだろうか」という単元を貫く学習課題について考える中での1時間の授業です。

この授業においてランキングをつくるねらいは，**「ランキングが正しいかどうか」ではなく，「ランキングを決定する過程の中で，根拠をもち，説明することができるか」**ということです。

ランキングづくりを行うためには，それぞれの改革がどのようなものであったかを理解したうえで，どれだけ影響力があったのかを判断する必要があります。

なんとなくランキングづくりをしている生徒がいれば，「考えの根拠を説明できるようにランキングをつくりましょう」という言葉かけを行います。

「選ばなければいけない」という状況をつくることで，生徒の中に葛藤が生まれます。さらに，話し合いで他者と考えが異なれば，自分がもつ考えの根拠を明確にする必要が生まれます。

自分の役割を果たそう

（他者の学びへの貢献と自己効力感）

生徒一人ひとりに役割を与え，それを果たすことで
自分の学びが他者の役に立つことに気づかせます。

（歴史的分野「律令国家の暮らし」）

（平城京はどのような都だったか，貴族が住んでい
たことや富本銭や和同開珎が使われていたことを確
認する）

T　（庶民の食事と貴族の宴会のときの食事を提示し）
　　貴族と庶民の食事にはどんな違いがありますか。

S　貴族はすごく豪華で，庶民は食べ物が少ないです。

T　なぜ貴族は豪華な生活をして，庶民は質素な生活を
　　していたのでしょうか。

S　貴族は，庶民から税を取って，よい暮らしをしてい
　　たと思います。

T　今から３つの質問をするので，それをもとにして，
　　学習課題について考えていきましょう。まずは班の
　　中で，だれがどの質問について考えるか決めてくだ
　　さい。選んだ質問について，それぞれが考え，後で
　　教え合いを行います。班の人たちに教えられるよう
　　に，**自分の役割を果たそう。**

学習課題に対して，エキスパートジグソー法により学習を行います。質問（発問）は「①班田収授法とはどのような法で，戸籍は班田収授法を進めるうえでどのようなことに役立ったか」「②租庸調とは何だったか。また，農民の暮らしにどのような影響を与えたか」「③743年以後，貴族や寺社が，国司や郡司らの協力により，開墾に力を入れるようになったのはなぜか」の3つです。

まずは，班の中で質問の①〜③のどれについて考えるのかを決めます。その後，下図のように同じ発問について調べる人同士で集まって学習した後，元の班に戻り，学んできたことを教え合います。

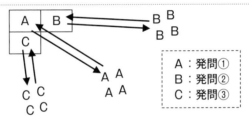

A：発問①
B：発問②
C：発問③

一人ひとりが役割を果たさなければ，他の班員は学習をすることができません。そのような中で「学習したことを他者に伝えよう」という責任感が生徒の中で生まれやすくなります。

さらに，他者に教えるという役割を果たすことで，自分の学びがだれかの役に立つという自己効力感を高めることにつながります。**自分の学びが他者の役に立つという経験を通して，今後，生徒が学習しようとする意欲が高まることを期待しています。**

自分と反対の立場でも
意見をつくろう

（自分の考えの批判的考察）

　最初にもった自分の考えを，異なる立場から見直すことで，批判的に考察させるための言葉かけです。

（地理的分野「南アメリカ州」）

　　（熱帯林が年間にどれだけ伐採されているかわかる資料を提示し，熱帯林が減少している事実を理解した後，ブラジルでは，経済開発と環境保全がトレードオフの関係になっていることを確認する）

T　みなさんは，南アメリカ州では今後，経済開発と環境保全のどちらを大切にしていくべきだと考えますか。今の段階では，どちらを大切にするべきだと考えているか，挙手で教えてください。
　　（挙手で，今の段階で生徒がどのように考えているのかを確認する）

T　わかりました。では，今からワークシート（バタフライチャート）を使って，先ほどの学習課題について考えていきます。まずは自分の立場で考えを書きましょう。その後，**自分と反対の立場でも意見をつくろう。**

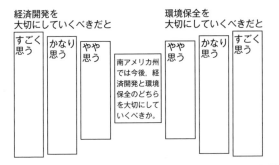

　学習課題「南アメリカ州では今後，経済開発と環境保全のどちらを大切にしていくべきか」は，最初の段階では「環境保全を大切にするべき」という意見の生徒が多くなります。同じ立場の生徒が多くなるため，そのまま話し合いをしても考えが深まりません。そこで，異なる立場からも考えることで，最初にもった自分の考えについて，批判的に考察できるようにします。

　ここでは，「バタフライチャート」と呼ばれる，物事を多面的に考察するための思考ツールを用いますが，「環境保全を大切にしていくべきだとかなり思う」という立場であれば，反対側の「経済開発を大切にしていくべきだとかなり思う」という立場でも考察を行います。

　両者の立場で物事を考えた後に意見を交流することで，**たとえ立場が同じであるとしても，異なる視点を用いて話し合いをすることができます**。また，資料についても両方の立場で考えられるものを準備しておくことが大切です。生徒が様々な視点から考えられる環境であるかどうか，事前に確認しておきます。

011

AかつBにするために
どんなことができるかな？

（トレードオフからトレードオンへ）

トレードオフから，トレードオンにするためにどの
ようなことができるか提案していきます。

（地理的分野「南アメリカ州」）

（前項の授業の別案で，熱帯林がどんなことに役立
っているのかを調べ，年間の熱帯林がどれくらい伐
採されているかを確認します）

T　なぜ熱帯林は切り開かれ，その跡地は何に使われて
いるのでしょうか。

S　鉱産物を運ぶ鉄道をつくるために切り開かれていま
す。その跡地は大豆や牛の放牧のために使われます。

T　なぜ環境に影響を与えることが理解されているにも
かかわらず，熱帯林は伐採されるのでしょうか。南
アメリカ州が抱えていた課題を振り返りながら考え
よう。

S　貧しい人々はお金を稼ぐために，開発を進める必要
があるからです。

T　では，**経済格差を小さくし，かつ，環境を守るため
にどんなことができるかな？**

　この授業でも，前項の授業と同様に，経済開発と環境保全がトレードオフになっていることを確認します。その後，前項の授業では，「どうすべきか」という価値判断を行っていましたが，この授業では**「AかつBにするためにはどうすればよいか」というトレードオンの方法**を考えていきます。

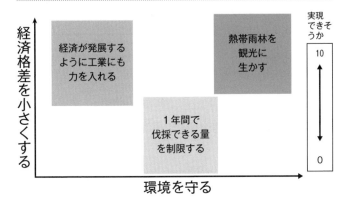

　上の図のように，相反する2つの要素を軸にして考えていきます。最初に，グループの中でそれぞれがアイデアを出し合い，そのアイデアをお互いに評価していきます。

　最終的には，最も2つの要素を兼ね備えていると考えた意見について，実現できそうかどうかを10段階で評価します。最後に実現可能性を検討することで，現実的に可能な範囲の中で提案を行えるようにしていきます。

　実社会においてトレードオフとなる課題と向き合ったとき，それを解決していこうとする前向きな姿勢を育てていきます。

予想を立ててみよう

（課題を解決するための見通し）

課題の解決に向けて，生徒が見通しをもてるようにするための言葉かけです。

（地理的分野「日本の姿」）

（日本の領域における東西南北の端は，どの島になるか確認し，沖ノ鳥島の写真を提示する）

T　ここには，何人くらいの人が住んでいるのだろう。

S　30人くらいじゃないかな。

T　正解は0人です。この小さな島は，放っておくと波に削られてなくなってしまいます。そこで，まわりにブロックなどを置き，島を守っています。この小さな島を守るために，日本はいくらぐらい費用をかけてきたと思いますか。

S　5千万円くらいかな…。

T　このだれも住んでいない島を守るために，日本は750億円以上の費用をかけてきました。沖ノ鳥島を失うと，750億円を失う以上に，日本はどのようなことに困るのでしょうか。まずは，**予想を立ててみよう**。

　導入で，国家における領域とはどこか，領土に比べて排他的経済水域の面積が大きいのはどのような国かを学習した後，この場面を展開します。

　この授業における中心発問は「沖ノ鳥島を失うと，750億円を失う以上に，日本はどのようなことに困るのでしょうか」です。沖ノ鳥島を守るために750億円を使ってきたことに生徒は驚きます。そして，日本の領土である沖ノ鳥島を守ることには，それ以上にどのような価値があるのかを考えていきます。この中心発問に対して，生徒は「沖ノ鳥島には，観光客が来るからお金が入る」「いろんな資源があるのではないか」などと予想を立てていきます。

　予想を立てるということは，学習課題の解決に対して方向性や，見通しをもつということです。課題の解決に対する方向性や見通しをもつことで，どのような資料や情報が必要かなど，学習方法を検討することともつながっていきます。

　また，予想を立てるときに大切なことは，**予想した内容を文章化して記録しておくこと**です。発問を受けたときに，生徒の中では思考が始まっています。それを文章化することで，自分がどのような思考をしていたのかという過程を明確にすることができます。学習活動を経て，授業を振り返るとき，予想したときの考えと比べることで，自分自身の考えがどのように変容したのか気づきます。

どんな情報や資料が
ほしいかな？

（課題を解決する方法の見通し）

学習課題を解決するための「学習方法」について見通しをもてるようにします。

（地理的分野「日本の姿」）

（前項の授業の続きです）

S　沖ノ鳥島の周辺で，魚がたくさん獲れるから。

S　石油も採れそう。

S　観光に人が来るのかもしれない。

T　それでは，先ほどの予想を確かめるために，**どんな情報や資料がほしいかな？**

S　沖ノ鳥島周辺では，魚が獲れるかどうかわかる資料がほしいです。

S　排他的経済水域はどのようなものか，もう少し詳しく知りたいです。

S　まずは教科書の本文から見てみようかな。

T　なるほど。では，実際に使えそうな資料がないか探しながら学習課題について考えてみましょう。

予想を立てることで，生徒の頭の中では，課題を解決するための思考が働き出します。

しかし，実際に生徒たちが学習を始めるときには「課題を解決するための『学習方法』に対する見通し」がもてず，学習を進められない生徒もいます。そこでこのキーフレーズによる言葉かけを行い，学習方法に対する見通しをもてるようにします。また，**他の生徒がどのような学習方法で進めようとしているかを全体で共有することで，どう学習を進めればよいか困っている生徒のヒントにもなります。**

資料の提示方法についてですが「教師から資料を提示して，生徒が読み取る方法」と「生徒たちが課題を解決するために必要な資料を自ら探す方法」または「教師から資料を提示し，さらに生徒も自分で探す方法」などが考えられます。

資料を使うことに慣れていないうちは，教師から資料を提示して読み取らせることもありますが，最終的には生徒が，自分たちで課題を解決するために必要な資料を探せるようになることを目指します。

このような学習を繰り返していると，教師からの言葉かけがなくても，徐々に生徒たちは自分たちで必要な資料や情報を探し出すことができるようになります。

最近では，インターネットを利用して必要な情報や資料を集めることもありますが，学習方法に見通しをもつことで「何を検索するか」焦点化して検索することができます。

この話し合いの目的は
何だろう?

(話し合いの目的の確認)

　生徒が意見をぶつかり合わせてしまうとき，目的を
確かめ，達成するための話し合いにしていきます。

(地理的分野「南アメリカ州」)

　(先述の「自分と反対の立場でも意見をつくろう」
　(p.40) の続きです)

T　先ほど考えた意見を班内で発表し，班での意見をま
　とめてください。話し合い終了後に，代表者1人に
　全体発表をしてもらいます。では，始めましょう。

S　私は，経済開発を進めるべきだと思います。理由は，
　都市と農村で，格差も生まれているし，お金をもっ
　ている人はいいけれど，貧しい人々は困るからです。

S　でも，それで熱帯林もなくなったら，温暖化も進む。
　そうなったらみんな困るからその考えはダメでしょ。

T　みなさん，一度，手を止めてこちらを見てください。
　積極的に話し合いができていてすばらしいです。た
　だ，意見のぶつかり合いになっている班も見られま
　す。**この話し合いの目的は何だろう?**

話し合いを行っていけば，生徒同士の考えがぶつかることがあります。**全員が自分の考えを主張できるということは，話し合いの前提として重要**です。

しかし，時に自分の考えが正しいことを強硬に主張しようとしてしまう生徒もいます。この話し合いの中で大切なことは，だれの意見が正しいのか決めることではなく目的を達成するために，全員の知恵を集めて，最善策を考え出すことです。

この後は生徒たちと一緒に目的を確認していきます。「貧しい人々も，環境を守りたい人も納得するような意見をつくる」などの目的を確認した後，話し合いを続けます。目的を確認することで，より協力的な話し合いが行えるようになります。

このように，話し合いを行うときには「目的の確認」が大切になります。この授業では，本来であれば，話し合いの途中ではなく，事前に「何のための話し合いか」を明確に確認するべきでした。

話し合いの流れの例

①話し合う内容や方法の提示　②目的の確認

③個人での思考　④グループでの話し合い

⑤全体発表

「目的の確認」を2番目にしている理由は，生徒に目的を印象づけたまま思考させるためです。目的が明確になれば，話し合う内容や方法もブレにくくなります。

「なるほど。私は…」
から話そう

（話し合いの土台づくり）

　教室を，全員が自分の考えを発言できる環境にする
ための言葉かけです。

（歴史的分野「日本の近代化」）

（新政府が琉球や蝦夷地に対してどのような政策を
行っていたのか確認する）

T　新政府が琉球と蝦夷地に対して行った政策や，その
政策による影響には，どのような共通点と違いがあ
るでしょう。
（個人で発問について考える時間をつくる）

T　それでは，今からみなさんで考えを共有します。
人の話を聞いて自分が話すときには，「なるほど。
私は…」から話そう。

S　共通点はそれぞれの名称を変えたことで，違いは北
海道に開拓使が設置されたことです。

S　なるほど。私が考える共通点は伝統的な生活を続け
にくくなったことです。違いは沖縄県では米や砂糖
を年貢として納めることが義務づけられたことです。

琉球	共通点	蝦夷地
米や砂糖を 年貢として 納めさせる	名称の変更 伝統的な 生活を行う ことが難しく なったこと	日本語教育 開拓使を設ける

　先述のように，よりよい話し合いにするためには，全員が自分の考えを主張できる環境をつくることが前提となります。

　一部の生徒を中心とした話し合いにならないようにするためにも，全員に発言する機会があるような話し合いにするよう言葉かけを行います。

　また，話し合いにおいて「自分の意見が拒否された」と感じる生徒を減らすために話型の練習もしていきます。「なるほど」「確かに」などと一度相手の意見や考えに共感し，「私は…」から話すことで「アイメッセージ」として自分の考えを伝えるようにします。

　アイメッセージでは「自分の考え」を相手に伝えることになるので，相手を否定するような言い方を避けるだけでなく，**自己主張を苦手とする生徒にとっても，自分の考えを伝えるための心理的なハードルが下がります。**

　発言の際に話型を用いることには，否定的な意見もあるかもしれませんが，まずは，全員が自分の考えを主張できる環境をつくるために，このような言葉かけを行っています。

相手の考えを進んで聴けるといいね

（傾聴する態度の育成）

自分の意見を主張するだけでなく，双方向的なコミュニケーションを目指すための言葉かけです。

（地理的分野「北アメリカ州」）

（導入後，五大湖周辺で自動車工業がどのように発展してきたのかを穴埋めプリントで確認する）

（Yahoo，Google，Apple のロゴを提示し，先端技術産業と関わりのある企業であること，本社がシリコンバレーにあることを確認する）

T　なぜこれらの先端技術産業は，五大湖周辺ではなく，シリコンバレーで発展したのでしょうか。

（気候面，費用面，先端技術産業との関わりから考える）

T　アメリカで，自動車産業，先端技術産業が発展するために最も重要なものは何だったと言えるだろう。

（個人で考える時間を確保し，隣同士で考えを交流する際）

T　では，今から自分の考えを隣同士で交流していきます。話し合いのときには，**相手の考えを進んで聴けるといいね**。

先ほど，全員が自分の考えを主張できる環境の重要性について説明しました。そして，私が今までよく行っていた言葉かけは「全員が考えを話しましょう」でした。

しかし，話し合いにおける目的は「全員が話す」ことではありません。授業のねらいによっても変わりますが，他者との対話を通じて「自分の考えを広げる」「自分の考えを深める」「自分の考えを確かめる」ことが大切です。

そこで，話し合いにおける言葉かけを「相手の考えを進んで聴けるといいね」に変えています。

この言葉かけによって相手の話を傾聴する態度を育てることで，話し合いが発言者による一方向的なものではなく，聞いた話に対して質問をする，意見を返すなど，より双方向的なものになることを期待しています。ポイントは，**「話を聞く」のではなく「考えを聴く」こと**です。この授業であれば，どこからそのように考えたのかなどを質問し，聴き手が考えを引き出していくニュアンスをもたせています。

さらに「相手の意見について，それはどういうことかを詳しく聞いたり，なぜそう思うか理由を聞いたりしてみよう」と投げかけることで，どのように質問すればよいかイメージしやすくなります。

キーフレーズ「相手の考えを進んで聴けるといいね」を用いることで，「聴く」と「話す」の双方向的な，よりよいコミュニケーションへ到達することを目指していきます。

考えが広がった部分はどこで，考えが確かめられた部分はどこか

(他者との共通点，相違点への着目)

> 他者の意見や考えとの共通点や相違点に着目しながら話し合いを振り返らせるための言葉かけです。

(歴史的分野「鉄砲の伝来」)

T　もしあなたが当時の戦国大名であれば，どのようにしてより多くの鉄砲を入手し，どのように利用しますか。

（個人で考える時間を確保する）

T　それでは，みなさんの考えを班で交流します。他の人の意見を聞くときは，自分の**考えが広がった部分はどこで，考えが確かめられた部分はどこか**に着目してみましょう。

S　僕が当時の戦国大名だったら，キリシタンになって，海外と貿易をして，鉄砲をより多く入手します。

S　私なら，当時の銃はまだ貴重だったと思うので，それをほしがる他の大名に売って利益を得ます。

T　話し合いをして，違う点があれば，考えが広がっていきますね。そして，共通点があれば，考えが確かめられますね。

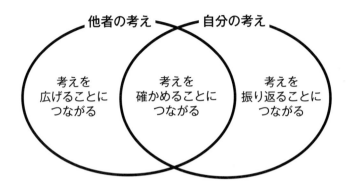

　話し合いにおけるすべての場面で合意を目指すわけではありません。この例での話し合いの目的は，他者との交流を通して考えの質をより高めることです。そのためには，自分と他者の意見で「どこが違うか」「どのような共通点があるのか」に着目することが大切です。

　他者と考えが違う部分に着目することは「考えを広げる」ことにつながります。他者と考えが共通する部分に着目することは「考えを確かめる」ことにつながります。そして自分だけがもっている考えであれば，自分は正しいのかなど「考えを振り返る」ことにつながります。上のような比較するための思考ツールである「ベン図」を使って振り返ると，生徒は話し合いを分析しやすくなります。

　注意点としては，**自分と他者の考えに共通点がある場合でも，その考えが正しいとは限らない**ことです。最後は，ワークシートに記入した考えや発言を，教師も評価するようにしましょう。

10点満点で評価しよう

（数値化による分析）

振り返りや意思決定を行うとき，自分たちの考えを数値化して分析します。

（公民的分野「現代社会を捉える枠組み」）

（対立と合意，効率と公正について学習した後，架空のアパートで起きている騒音問題を設定し，そこに住んでいる住民になりきるという教科書に掲載されているロールプレイングを行い，合意を目指す）

（話し合いに対する振り返りの場面で）

T　では，みなさんが考えた案について振り返りましょう。その際に，自分たちの案について効率，公正の見方・考え方から**10点満点で評価しよう。**

S　費用についてはかからない考え方ができたから，ここは9点かな。

S　でも，実際にやろうと思うと費用がかかるところもあるから，7点じゃないかな。

T　評価できましたか。では，これからさらに伸ばしていきたい効率や公正の考え方は何か考えてみましょう。

決めた解決策について，効率，公正の見方・考え方から10点満点で評価しよう	
効率：決定や実行にかかる時間は少なくて済むか	点
効率：決定や実行にかかる費用は少なくて済むか	点
効率：決定や実行にかかる資源は少なくて済むか	点
効率：時間・費用・資源は少なく，効果は大きいか	点
手続きの公正さ：みんなが決定に参加したか	点
機会の公正さ，結果の公正さ：ほかの人の権利や利益を不当に侵害していないか，立場が変わっても受け入れられるか	点

　効率や公正は，現代社会における課題を解決するうえで，大切な見方・考え方です。知識を得るだけでなく，体験的に理解することで，生徒たちが学習を進める際，様々な場面で生かしやすくなります。そのため，今後の学習でも明確な振り返りが行えるよう，この授業では，効率や公正に対する見方・考え方を数値化して評価します。

　ワークシートでは，効率，公正の考え方を項目ごとに表にまとめ，10点満点で評価していきます。

　ロールプレイングを行った後，決定した自分たちの案について，それぞれの項目で評価を行い，これからさらに伸ばしたい考え方を選択します。**数値化することで，他の項目との比較が容易になり，感覚のみに頼った振り返りを避けることができます。**

　授業の中でランキングづくりを行う場合なども，各項目を数値化することで，より根拠の確かな意思決定を行うことにつながります。

それって，具体的には
どういうこと？

（抽象と具体の結びつけ）

抽象的な内容を具体化して表現することで，抽象的
な内容と具体的な内容を結びつけていきます。

（公民的分野「グローバル化」）

T　グローバル化が進む世界で，私たちはどのように生
きていく必要があるでしょうか。

S1　多様な文化を理解することが大切だと思います。

S2　私もそう思います。

T　なるほど。「多様な文化を理解する」って言ってま
したが，**それって，具体的にはどういうこと？**

S1　グローバル化が進む中で，いろんな国同士が協力し
て働くことがあります。国が異なっても，協力する
必要があるということです。

T　「そう思う」と言ったS2さんはどうですか。

S2　世界には，日本とは違う文化が多くあるということ
です。

T　なるほど，S1さんは外国の人と一緒に働くことに
特に着目していて，S2さんは国同士の文化の違い
に着目していますね。

　教科書には，「多様な文化を理解することが大切である」といった記述があります。このような言葉を使って，自分の考えを表現すること自体に問題はありません。しかし，**抽象的な内容と具体的な内容が結びついていることが大切**です。

　この授業では，グローバル化が社会に対してどのような影響を与えているのかを理解し，他国とのつながりに依存を強めている状態であることを確認します。その後，グローバル化が進む世界で，私たちはどう生きていく必要があるのかを考えていきます。

　Ｓ１の最初の発言は，表現が抽象的です。授業で考えてきたことを，具体的な内容として理解できているか確認する必要がある場合には，このキーフレーズによる問い返しを行います。

　また，Ｓ１に同意したＳ２にも尋ねてみると，それぞれが「多様な文化を理解する」ということに対して，異なるイメージをもっていることがわかりました。Ｓ１は国際的な分業に着目しているのに対して，Ｓ２は国同士の文化の違いに着目しています。

　このように，同じような表現をしていたり，他者の意見に同意していたりしても，生徒によって解釈が異なる場合があります。自分が表現した抽象的な内容を，より具体的に説明させることで，生徒自身も自分の解釈がどのようなものであったか気づくことができます。

本当にそれだけかな?

(粘り強く追究する態度の育成①)

簡単に満足せず，粘り強く追究する態度を育てるための言葉かけです。

(歴史的分野「文明開化」)

(文明開化の授業で，外来のものと日本のものが争っている資料を提示)

T 日本のものは，どのような外来のものに取って代わられようとしているでしょうか。

S 日本の傘が，西洋の傘に取って代わられようとしている。

S 日本の瓦が，レンガに取って代わられようとしています。

T なるほど。では，欧米から入ってきたのは，欧米の「もの」だけでしょうか。

S 牛肉を食べる生活様式などが入ってきています。

T 欧米の生活様式が入ってきているのですね。でも，**本当にそれだけかな?**

S あっ，権利などの考え方も，欧米から伝わってきたんじゃないかな。

　この授業では，開国したことで，欧米から入ってきたものやことが，日本の生活や文化にどのような影響を与えてきたのかについて考えていきます。ここでは，外来のものや，新たな生活様式が欧米から入ってきたことを確認した時点で，他の視点で追究しようという姿勢や，さらに深く追究していこうとする姿勢があまり見られない生徒がいる状況を想定しています。このような場合，このキーフレーズによる問い返しを行い，権利などの思想も，欧米から伝わってきていることなど「自分が気づいていなかった視点や考えがあること」に気づくよう促します。

　生徒によっては，１つの考えで満足してしまう場合があります。そこで，知らないことや他の考え方があると生徒に気づかせ，目を向けさせることで，簡単に満足せず，さらに学習しようとする態度を育てていきます。

　違う解釈や考え方はないかと粘り強く追究する態度は，普段から生徒がもてるようにしたいものです。しかし，**教師が一問一答のように，考えや解釈が１つに絞られる発問を中心に投げかけていると，答え探しのような授業になり，生徒も１つの答えを出した時点で考えることを止めてしまいます。**

　特に，授業の中心となる発問では，答えが１つに限られず，様々な考えや解釈ができる発問や，複雑な思考を必要とする発問を行うことで，生徒が粘り強く追究しようとする態度を育てていきます。

すると，どんなことが起きるかな?

(粘り強く追究する態度の育成②)

生徒が考えた意見について，さらにその先はどうなるのか考え続けるための問い返しです。

(地理的分野「北アメリカ」)

(「BUY1，GET1」と書かれた広告を表示する)

T これはアメリカのショッピングセンターでよく見られる広告です。どのようなことを意味しているのでしょうか。

S 1つ買ったら，1つもらえる…?

T その通りです。アメリカは大量生産・大量消費の社会となっています。また，アメリカは世界で最初に車社会化が始まった国でもあります。大量生産・大量消費や車社会であるアメリカの生産様式は，地球の環境面に，どんな影響を与えるでしょうか。
(時間を確保した後，考えを聞く)

S 車社会であることで，排気ガスが増加します。

T なるほど。排気ガスが増加するのですね。
すると，どんなことが起きるかな?

　「大量生産・大量消費や車社会であるアメリカの生産様式は，地球の環境面に，どんな影響を与えるでしょうか」という発問に対して，アメリカ国内だけでなく，地球全体の環境面への影響まで考えさせたい場面です。教師から問い返しをすることで，さらに生徒の考えを深められるようにしていきます。

S　　排気ガスが増加すると，地球温暖化が進みます。

T　　すると，どのようなことが起きるかな？

S　　アメリカだけでなく，他の国でも気候が変わってしまうなど，地球全体に悪い影響があります。

　生徒に，一定の考えまで到達させたいときに有効な発問です。このように，教師からの問い返しに対して考えることで，生徒はより考えを深めていきます。

　注意するポイントとしては，この発問をする際には「**どこまで考えを深めていきたいのか**」を教師が把握しておくことです。考えを深めさせたいと思うあまり，同じ発問を繰り返すことで，方向性がブレてしまうことがあります。また，あまり頻繁に繰り返すと，生徒にとっては「誘導されている」と感じることにもつながります。

　私の場合は，多くの生徒が目標に到達できるような発問を準備し，このキーフレーズは，途中で考えることを止めてしまう生徒がいた場合などに，補助発問として行うよう心がけています。

たまたま…したのかな?

(因果関係の確認)

その時点における生徒の考えでは,まだ事象との因果関係が弱いと考えたときにする問い返しです。

(歴史的分野「宗教の誕生と広がり」)

(仏教,キリスト教,イスラム教の誕生について,いつごろ生まれたのか,だれが最初に教えを広めたのか,どこで生まれたのか,どのような教えだったのか,どこからどこへ広がっていったのかを表にまとめる)

T　このころ,なぜこれらの宗教は,人々の心の支えとなったのでしょうか。また,なぜ信仰される地域が広がったのでしょうか。

S1　インドでは身分の差が生まれました。また,アラビア半島では貧富の差が拡大した中で,みんなが平等という教えが支えになったんだと思います。

S2　心の支えを必要とする人が多かったので,信仰される地域が広がったと思います。

T　では,**たまたま心の支えとする人々が多かったので,これらの宗教は広がったのかな?**

仏教，キリスト教，イスラム教の誕生と広がりにおける授業で，学習課題に対する考えを発表する場面です。

S2は「なぜ信仰される地域が広がったのでしょうか」という発問に対して，「心の支えを必要とする人が多かったため」と答えています。これも間違いではありませんが，宗教が生まれた場所だけでなく，アジアやヨーロッパ，北アフリカまで広がっている理由としては不十分です。

そのようなとき，このキーフレーズによる問い返しを行います。この問い返しにより，生徒たちは「シルクロードを通して貿易を行ったことでも広がった」「自分の地位や政治を安定させるために，宗教を保護した国が勢力を広げたから」など，信仰される地域が広がっていった理由についてさらに追究していくようになります。

授業の中で生徒が考えを発表したときに困る場面の１つに，「その考えは間違いではないけど，理由としては弱いなぁ」と感じるケースがあります。教師からヒントを提供したくなってしまう場面ではありますが，**教師から問い返しを行うことで，生徒が自分たちの力で考えを深められるようにしています。**

	仏教	キリスト教	イスラム教
いつごろ生まれたのか			
だれが最初に教えを広めたのか			
どこで生まれたのか			
どのような教えだったのか			
どこからどこへ広がっていったのか			

あと○分で
考えをまとめよう

(目的に応じた時間配分)

　目的に応じて，生徒が思考を深められるよう，時間
の示し方を工夫します。

(地理的分野「アジア州」)

T　　私たちの身の回りで，石油が使われている，または
　　　石油でつくられているものを，みんなに紹介しよう。

S　　プラスチックや，ポリエステルでできた服などです。

T　　日本は，原油の輸入をどのような国に頼っているで
　　　しょう。

S　　アラブ首長国連邦や，サウジアラビアなどです。
　　　(上記の国々が原油でどのように利益を得ているか
　　　確認する)

T　　西アジアの石油が採れる主な国は，OPEC に加盟
　　　して，原油の価格や生産量を決めています。もし，
　　　原油の価格が日本で高くなると，私たちの生活にど
　　　のような影響が出るでしょうか。まずは個人で考え
　　　てみましょう。
　　　(生徒が考える様子を机間巡視で観察する)

T　　では，**あと3分で考えをまとめよう**。

このキーフレーズでは，**どのタイミングで言葉かけを行うのかがポイント**になります。

　以前は，発問とともに考える時間を示し，その時間内に考えをまとめるよう，生徒に促していました。時間に制限がある方が，緊張感が出て，学習に意欲的に取り組むだろうと考えていたからです。

　現在は，発問を行った後，生徒たちの考える様子を観察してから言葉かけを行います。発問の難度にもよりますが，「あと〇分で多くの生徒が考えをまとめられそうだ」と判断したときに投げかけます。

　言葉かけのタイミングを変更した理由は次の3点です。
①生徒が思考を深める時間を確実に確保する
②発問以外に思考を必要とする要素を排除する
③生徒が焦り，学習効率が低下するのを防ぐ

　生徒が発問の意図を理解し，考える過程で集中力を高めるには，ある程度の時間を要します。また，教師から最初に制限時間を提示すると，生徒は時間配分を気にする必要があります。すべての思考を発問に集中させるには，最初に時間配分を提示しない方がよいと考えました。

　さらに，時間を気にして焦ることは，学習効率を低下させます。それらと授業進度を確保する視点を組み合わせた結果，上記のようなタイミングで言葉かけを行っています。

　ただし，ゲーム性を高めたい場面や，長時間の作業で見通しをもたせたい場面などは最初に時間を提示します。目的によって時間を提示するタイミングも変えています。

どこを見たら，考えることが
できそうかな?

(個別の支援)

学習を1人で進めることが難しい生徒に対して，机間巡視などの際に行う言葉かけです。

(地理的分野「アフリカ州」)

T アフリカの気候には，どのような特色がありますか。
赤道からの距離に着目して説明してみましょう。
(机間巡視中，学習が進まない生徒を見たときに)

T 自分で考えることができそうかな。

S (黙って首を横に振る)

T では，**どこを見たら，考えることができそうかな?**
指さしで教えてください。

S (教科書にある本文の一部を指さす)

T いいですね。他には，どこを見たら考えることができそうですか。

S 気候がまとめてある，このページも使えそうです。

T いいですよ。必要な情報がどこにあるか考えられています。ぜひそれを使って，自分の考えを書いてみましょう。

このキーフレーズは，**長期的に見て生徒が自分で学習を進めることができるようになること**を目的としています。

先述の「どんな情報や資料がほしいかな？」というキーフレーズ（p.46）を使い，学習方法を吟味するような時間を毎回確保することは難しいのが実情です。また，全体で学習方法に見通しをもつ時間を確保しても，いざ学習課題について考えるときには，個人で取り組むことが難しい生徒もいます。そのような場合は，このキーフレーズを使うなど，個別の支援が必要になります。

学習を進めにくい理由には，次のことが考えられます。

①何から考えたらよいのか，どこを見たらよいのかがわからない。

②資料の読み取りが難しい。

③言語化が難しい。

そこで，必要な資料がある場所を教師から示すのではなく，まずはどこに必要な情報や資料があるか考えるための言葉かけを行います。学習を進めるうえで，最初のつまずきである「何から考えたらよいのか，どこを見たらよいのかがわからない」を自力で乗り越えるための言葉かけです。

この段階を乗り越えられると，自分の力で少しずつ学習を進められるようになります。これが難しい生徒に対しては，必要な情報や資料がある場所を教師から示します。

他にも「今まで学んだことで使えそうなことはないかな」「指さししてみよう」など，生徒の実態や学習状況によって言葉かけを変えていく必要があります。

「ここまで考えられました」
が言えるといいね

（「わからない」の捉え直し）

　「わかりません」と発言して終わってしまう生徒の
自己評価を下げずに学習を振り返らせます。

（地理的分野「アフリカ州」）

T　　ネリカ米（New Rice for Africa）は，どのよう
　　　な点が New で，どのような点が for Africa にな
　　　っているのでしょう。
　　　（S1を指名する）

S1　わかりません。

T　　S1さんは，どこまでなら考えることができました
　　　か。

S1　アフリカの環境に合わせているのかなとは思います。

T　　そこまで考えようとしていることがいいですね。次
　　　からも，どこまで考えることができたか教えてくだ
　　　さい。「教科書や地図帳の，ここを見て考えました」
　　　「ここまではわかりましたが，ここはわかりません」
　　　といった具合です。
　　　「ここまで考えられました」が言えるといいね。

生徒に発表を促したときに「わかりません」と言って終わってしまう場合があります。生徒が自己開示できることは大切ですが，思考せずに「わかりません」と発表して終わってしまうことは避けたいところです。「わからなかった」と自己評価を下げる結果だけを生徒に与えてしまう場合があるからです。

どのような生徒でも，わかりたいという意欲を必ずもっています。学習をどこまで達成できるかは，生徒が現時点でもっている力によって変わってきます。そこで「わからない」を「ここまで考えられた」と捉え直すことで，生徒自身が自分のできたことに対して焦点を当てることを促します。

しかし，どこまで考えることができたかについて答えることも意外に難しいものです。そこで，教師から「どこまでなら考えることができましたか？」などの言葉かけを行い，学習を振り返ります。

授業に参加する意欲が低くなる生徒は「考えても自分にはわからない」と，自分自身に対して決めつけをしている場合があります。「わからない」から「ここまで考えられた」への転換は，生徒が授業へ参加する意欲を上げるために，とても大切なことです。**社会科の授業だけでなく，日常生活や他の授業でも，使えるようにしていきたいキーフレーズ**です。

○○がさらに
よくなっているね

（生徒の成長の言語化）

生徒の成長を観察し，それを具体的に言語化して生徒に伝える言葉かけです。

（地理的分野「日本の姿」）

（先述の「クイズです！」（p.24）で取り上げた学習課題「なぜこんなにも日本の海岸線は長いのでしょう」に対する考えを発表する場面です）

T　先ほどの学習課題について，Ｓ１さんはどのように考えましたか。

Ｓ１　地図帳で日本とアジアの近くの国を比べてみると，日本の海岸は曲がっている部分が多いです。そのため，海岸線も長くなっていると思います。

T　いいですね。Ｓ１さんは，自分の考えを発表する際に「地図帳をどのように使って」というところまで具体的に発表できています。**学習方法の伝え方がさらによくなっているね**。すばらしいです！　ぜひ続けてください。

教師は，生徒の成長を観察し，それを具体的に言語化して生徒に伝えることが大切です。言語化して伝えることで，生徒は自分自身の成長に気づくことができます。

学習内容に対する考えや，学習方法について，毎時間生徒が1枚のワークシートに振り返りを記入しているものに教師からコメントすることで評価しています。ワークシートへのコメントと合わせて，授業中の言葉かけによる評価を行うことでさらに効果を高めることができます。

○をつけ，
コメントを
残します

先生から	
よくまとめています	もう少し（　　　　）について考えよう
他の人の考えもよく聞けています	具体的には，どんなことがあるかな？
（　　　　）がさらによくなっているね	もう一度（　　　　）を振り返ろう

この言葉かけを行うときに大切なことは次の3点です。
①他者と比べず，個人内における成長を評価する。
②具体的に，何が，どう変わったかを伝える。
③できるだけ多くの成長を見取り，粘り強く伝える。
生徒が自分自身の変容を自覚できるような言葉かけにすることがポイントです。他者と競争するのではなく，以前の自分自身と比べられるようにします。また，具体的に伝えることで，生徒が望ましい学習方法を再現しやすくなります。普段から生徒の様子を簡潔にメモするなど，記録を取っておくことで，変容を評価しやすくなります。

みんなのキーワードを
つなげてみよう

（大切な学びの抽出）

授業で学習したことの中から，大切な学びを抽出す
るための言葉かけです。

（歴史的分野「鎌倉文化」）

（授業のまとめの場面で）

T　では「鎌倉文化は，どのような点で，武士の気風に
　　合った，力強くわかりやすい文化と言えるのか」に
　　対する最終的な考えを，Google スプレッドシート
　　に記入してください。
　　（生徒が記入を終えた後，その意見をテキストマイ
　　ニングする）

T　では，今から**みんなのキーワードをつなげてみよう**。
　　今日の学びで一番大切だと思ったことを，この中の
　　キーワードを３つ以上使って，隣の人に説明してみ
　　ましょう。

S　鎌倉文化は，戦いの中にいる武士の気風に合ってい
　　て，金剛力士像のように見た目で力強さを表現して
　　いるものや，琵琶法師が平家物語を語り継いだよう
　　に文字が読めない人にもわかりやすい文化でした。

生徒A	武士の生活につながる作品が多かったため，武士に受け入れられた。
生徒B	力強さを見た目で表現した。武士の気持ちに共感することが多かったのだと思う。

⋮

関係　歌　多い　思う　気持ち
見た目　見える　工夫　力強い
表現　共感　**武士**　**鎌倉文化**
つながる　わかりやすさ
わかりやすい　受け入れる　文字　それら　**禅宗**
語り継ぐ　多く　広がる　作品　人々
わかる　生活　おる

　上のように，Google スプレッドシートに記入した生徒の考えをテキストマイニングした中からキーワードを選ぶことで，この授業で大切な学びは何だったのかを考えさせます。ICT を使うのが難しい場合は，班ごとにキーワードをいくつか発表させ，それをもとにつなげてもよいでしょう。

　キーワードを抽出することで，教師にとっても，この時間で生徒が何を考え，何を学んだのかを確認することができ，指導の振り返りに使うことができます。

　テキストマイニングの注意点は，**大きく表示される言葉が大切な学びに直結するとは限らない**ということです。テキストマイニングでは，有益と考えられる情報が抽出され，全体像や特徴が把握しやすくなりますが，最後は生徒自身によって大切だと考える情報を判断し選択することが大切です。テキストマイニングを利用した振り返りで，大切な学びを抽出しましょう。

新たな発見はあったかな？
なぜその発見が生まれたのかな？

（考えの変容とその契機）

　生徒が，自分自身で考えの変容とその契機に気づく
ことができるようにするための言葉かけです。

（歴史的分野「室町文化」）

　　（後述の「なぜ私たちは，○○しようとするのか
　　な？」（p.114）における学習課題に対して，自分
　　の考えを記入した後，班員と考えを共有する。その
　　後，最終的な自分の考えをワークシートに記入する。
　　その後のまとめの場面での発問）

T　　では，予想と比べて，**新たな発見はあったかな？**
　　また，**なぜその発見が生まれたのかな？**

S1　最初，文化は1つの時代だけでなく，他の時代の文
　　化ともつながってできたものだから，次の世代に伝
　　えていくことが大切と考えていました。でも，その
　　時代の文化には，当時起きた出来事が大きく影響し
　　ていることに気づいたのが新しい発見です。

T　　では，なぜ新しい発見が生まれたのかな。

S1　他の人の意見を聞いて，自分が予想したことと違う
　　ところに気づいたからです。

　「新たな発見」は「自分自身の考えの変容」です。また「なぜ新たな発見が生まれたのか」により，学習過程を振り返り，自分の考えが変わった契機について考えます。この振り返りをすることで，生徒が学習によって，自分の成長に気づき，学習過程に価値づけすることを期待しています。

　「新たな発見はあったか」について，Ｓ１は，最初は文化が他の時代における文化とつながりがあるという視点を中心に考察していました。そこに，他者の考えを聞くことで，その時代における出来事や背景が文化に影響を与えているという視点が加わっています。このような「自分自身の考察の幅が広がったこと」に気づくようにしています。

　「なぜ新たな発見が生まれたのか」については「○○の資料から新たなことを知ることができた」など，資料からの学びや，他者との対話に焦点を当てることで，自分の考えが広がったり，深まったりした学習過程はどこかを自覚させていきます。

　学習過程に価値づけすることは，学習意欲が高まる要因の１つになります。１時間の授業の中で振り返りを行うのが時間的に難しい場合は，単元を通した学びにおける中間地点や，まとめで行うと，最初の予想と比べた考えの変容も大きくなっているため，より多くの気づきが生まれると考えられます。

○○を探してみよう！

（わくわく感のある読み取り）

資料の読み取りを，義務的なものから，わくわく感のあるものへと変えるための言葉かけです。

（地理的分野「アジア州」）

（ドローンの画像を資料として提示する）

T　ドローンを生産する企業のうち，2021年に最も高いシェア率を誇った企業の本社は，どこの国にあるでしょうか。

①アメリカ　②中国　③日本　④フランス

S　アメリカはこういうものをつくるのが得意そう。

S　なんとなくフランス！

T　正解は，中国です。今日は，中国はどのように経済発展してきたのか，それによって生まれた課題は何か考えていきましょう。

では，今から班ごとに，**教科書から中国が経済発展してきたことがわかることを探してみよう！**

S　資料集も使っていいですか。

T　もちろん！　使えそうなものはどんどん使っていきましょう。

資料を使った読み取りを行う場合に行う言葉かけです。微妙なニュアンスの違いですが，**「見つけましょう」よりも「探しましょう」の方が，生徒がわくわく感をもちながら資料の読み取りに取り組むことができます。**

さらに，このキーフレーズに「制限時間は4分です」「最低目標は5個以上，よりできる班は10個以上探そう」などの言葉かけをつけ加えることで，ゲーム性の高い資料の読み取りにすることができます。

探す過程で，生徒は教科書や資料集に掲載されている資料の多くに目を通していきます。中国が携帯電話やパソコンの世界生産の中で占める割合，シェンチェンがここ30年間でどのように変化してきているのかなど，経済発展に関する情報を読み取ることで，中国が経済的に成長してきたことを捉えていきます。

また，私が発問を行うときに意識していることは，「何に着目して探すのか」を生徒に示すことです。資料を提示して「気づいたことや，わかることを書きましょう」という指示では，生徒は何に着目すればよいのかわかりません。結果として，生徒は教師の反応を見ながら自分の意見を発表することになります。

生徒が自信をもって自分の考えを発表できるようにするためにも，「資料からどのようなことを読み取れるようにしたいか」を，教師側が明確にした状態で発問を行いましょう。

隠れているものは
何かな？

（資料の焦点化①）

資料の一部を隠して提示することで，注目させたい
場所に焦点をあてるための発問です。

（歴史的分野「江戸幕府の滅亡」）

（下関でイギリス軍が長州藩の砲台を占拠している
資料を提示する。砲台は画像を加工して，見えにく
くしておく）

T　これは，下関で長州藩のあるものをイギリス軍が占
　　拠している様子です。**イギリス軍が占拠しているも
　　のは長州藩の何かな？**

S　戦車かな…。
　　（画像が加工されていない状態の資料を提示する）

T　正解は，砲台です。ここではどのようなことがあっ
　　たと思いますか。

S　長州藩とイギリス軍が戦って，イギリス軍が勝った
　　んだと思います。

T　長州藩とイギリス軍の力は互角だったのでしょうか。

S　砲台が占拠されてしまっているので，イギリス軍の
　　方がかなり強かったと思います。

　資料の一部を隠して提示することで，注目させたい場所に焦点を当てるための発問です。

　「下関でイギリス軍が砲台を占拠している様子」は，教科書や資料集などに掲載されている資料を用いています。この資料から，長州藩とイギリス軍が戦った結果，長州藩の砲台が占拠されたことを読み取ることができれば，尊皇攘夷の考え方を取っていた長州藩が，倒幕へと方針を変えたことにつながる資料となります。

　そこで，戦いの要となる「砲台」に焦点を当てられるよう，資料の提示方法を工夫しています。砲台に着目することで，長州藩とイギリス軍の間に争いが起きていたことや，砲台が占拠されていることから，長州藩が敗北していることを読み取ることができます。

　この後は，尊皇攘夷の考え方が広がっていたことと，薩摩藩も同じような考え方を取っていたことを確認した後，「なぜ長州藩と薩摩藩は，攘夷という考え方を変え，倒幕へ動き出したのだろう」という学習課題について考えていきます。

　資料の一部を隠して提示することで，注目させたい場所に焦点化するとともに，**クイズのニュアンスをもたせ，多くの生徒にとって参加しやすい導入とすることができます。**画像だけでなく，グラフなどで注目させたい数字を隠しておいてから提示するなど，様々な場面で応用がきく資料の提示方法です。

○○のまわりはどうなって
いるのかな?

(資料の焦点化②)

資料の一部を隠して提示することで，注目させたい
場所に焦点を当てるための発問です。

(地理的分野「中国・四国地方」)

(岡山県の水島コンビナートの工場である中心部だ
けを提示する)

T　石油製品の生産に関連する工場をまとめた地域を
「石油化学コンビナート」といいます。
**この石油化学コンビナートのまわりはどうなってい
るのかな?**

S　さらに工場が広がっていると思います。

S　工場だから，住宅地ではなくて，田んぼとかの中に
つくられていると思います。

T　なるほど。ではすべて見せますね。実際には石油化
学コンビナートのまわりはどうなっていますか。

S　海に囲まれています。

S　船が何台も通っています。小さい船もあれば，タン
カーのような大きい船もあります。

S　沖の方にも何台も船があるのが見えます。

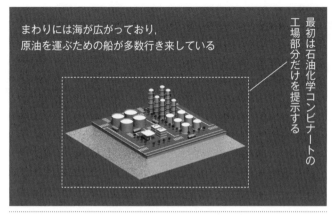

まわりには海が広がっており,
原油を運ぶための船が多数行き来している

最初は石油化学コンビナートの工場部分だけを提示する

　ここでは, 教科書に掲載されている石油化学コンビナートの写真資料を用いています。授業の導入で, 石油化学工場は原油や石油製品の輸出入に便利である臨海部に立地していることに着目させたいと考えました。そこで, 資料の周囲を隠して提示し, 石油化学コンビナートの工場部分ではなく, 船で原油や製造した石油製品を運んでいる様子に焦点を当てています。

　資料の本当に考えさせたい部分を隠すだけでなく, **隠された部分について一度予想を立てさせることで, 予想と事実の間にズレが生まれ, 生徒の考えようという意欲を高めることができます。**

　資料の提示方法を工夫することで, 海上にある輸送用の船や, タンカーが多く行き来する様子に着目する生徒が増え, この後の問いである「これらの船は, どのようなことに利用されているのでしょう」から, 原料や生産した製品をどのように輸出入しているかを考えることにつなげます。

○○がいつのものか
確認しよう

（基本事項の読み取り）

資料の基本事項の読み取りを，生徒が意識できるよ
うにするための言葉がけです。

（歴史的分野「世界恐慌が与えた日本への影響」）

（1927年に日本で発行された，裏側が印刷されてい
ない紙幣を提示する）

T　この日本で発行された紙幣の裏は，なぜ印刷されず，
真っ白になっているのでしょうか。

S　世界恐慌の影響があって，日本でも不景気になって
いたから裏を印刷する余裕がなかったと思います。

T　世界恐慌の影響が日本にもあったということですが，
では，**この紙幣がいつのものか確認しよう。**

S　「1927年発行」となってる。

T　何か気づくことはありませんか。

S　世界恐慌のきっかけは1929年なので，それより前で
す。

T　そう，これは世界恐慌以前に印刷された紙幣です。
では，世界恐慌以前の日本は，経済的にどのような
状況になっていたのでしょうか。

アメリカの不況をきっかけとして起きた世界恐慌について学習した後，世界恐慌が日本にどのような影響を与えたかについて考える授業の導入部です。

資料の右下には「いつのもので，何を表した資料か」などの基本情報が掲載されています。基本とも言える読み取りですが，資料の見えやすい部分からの読み取りだけで終わってしまう生徒もいます。

日頃から資料を読み取る際には，以下のような手順を踏むことで，情報を引き出す技量も上がっていきます。

①何を表す資料か確認する。

②単位や縮尺，いつのものかなどを確認する。

③資料の全体を読み取る。

④資料の細部を読み取る。

⑤今までの資料とつなげる，比べてみる。

⑥①〜⑤を通して考えたことをまとめてみる。

必ずしも，上の順番通りに資料を読み取る必要はありませんが，①や②の部分は，読み取りの基本ですので，普段から意識させたいところです。

資料の読み取りを行う際に，まず基本事項を確認する習慣をつけていきましょう。最終的には，教師からこのような言葉かけがなくても自然とできるよう，**普段の授業から少しずつ習慣化していくとよいでしょう。**

資料の全体を見て気づくことは？
資料の細部を見て気づくことは？
（資料の全体と細部への着目）

全体だけでなく，細部にも注目させるなど，様々な視点で読み取りを行うための言葉かけです。

（歴史的分野「日露戦争」）

（ロシアに挑む日本を描いた風刺画を提示する）

T 日本とロシアの戦いを，まわりの国はどう見ていたのでしょうか。まず，**資料の全体を見て気づくことは？**

S 日本とロシアの戦いをいろんな国が観戦してる。

S フランス，アメリカ，ドイツなど大きな国も注目しています。

T では，**資料の細部を見て気づくことは？**

S ロシアのパンツには，「ヨーロッパのチャンピオン」と書いてあって，日本のパンツには，「アジアのチャンピオン」と書いてある。

S ロシアの顔は余裕そう。中国は会場に入れていない…？

前項で述べたように，資料の読み取りを行う際には，まず基本事項を確認する習慣をつけていきます。それに加えて「どのように資料を読み取るか」という技能を高めることで，資料からより多くの情報を引き出すことや，より質の高い疑問や問いをもつことができるようになります。

ロシアに挑む日本を描いた風刺画は，教科書でよく見られる資料です。最初は，全体を見ることで，日本とロシアが戦おうとしている状況や，どのような国が見ているのかといった情報を引き出し，当時の国際関係をイメージさせます。次は，細部に注目することで，日本とロシアの戦いにおいて，日本が不利だと考えられていたことを捉えていきます。

この後は「なぜこれだけ不利な状況で日本は戦争を始めたのでしょうか」という発問を行い，当時のアジアにおける国際関係に着目しながら考えていきます。

順番として，最初に資料全体を見るということは，その資料が何を表す資料なのかを確認することにもつながります。資料全体を見てから細部に注目することで，情報の把握がしやすくなります。

ただ，先述の通り，資料を読み取るための順番や方法が決まっているわけではありません。**資料を読み取る様々な技能を，学習を通して磨き，目的に応じてどのように資料を読み取ればよいか，生徒自身が考えることが大切**です。

何の割合が高くて，
何の割合が低いかな？

(比較による特徴の明確化)

割合の高い生産物と割合の低い生産物を比較することで，特徴をより明確にします。

(地理的分野「中部地方」)

(北陸で生産される，原料に米を使用したお菓子をいくつか資料として提示し，共通点を聞く)

T　これらのお菓子の共通点は何でしょう。

S　原料にお米が使われています。

S　すべて北陸でつくられていると思います。

T　そうですね。では，教科書にある農業産出額のグラフを見てください。

　　(北陸の新潟県，中央高地の長野県，東海の愛知県の農業生産額が比較できるグラフを提示)

T　北陸である新潟県の農業産出額は，同じ中部地方である長野県や愛知県と比べて，**何の割合が高くて，何の割合が低いかな？**

S　比べてみると，農業産出額の割合は米が高いですが，野菜の割合がかなり低くなっています。

S　お米以外は，他の地域に比べて割合が低いです。

　北陸（新潟県）における農業の特色の1つに，米を単作で生産していることがあります。したがって，新潟県の農業産出額のグラフを見せて，「何の割合が高いかな？」という発問をするだけでも，「新潟県の農業産出額の割合は米が高い」ことを捉えることはできます。しかし，同じ地方の他県の農業生産額のグラフと比較することで，「新潟県の農業産出額の割合は米が高く，他の農業の割合が低いことが特徴的である」ことを読み取ることができ，他地域の農業との違いが見えてきます。

　このように，資料から読み取った情報を比較することで，特徴をより明確にできる場合があります。特に，割合を示したグラフでは，ある特定のものの割合が高ければ，他のものの割合は当然低くなっています。**モノカルチャー経済のように，特定の生産物の割合が高い資料の読み取りを行う際にこの発問を行うと生徒が特徴を捉えやすくなります。**

　この後，「北陸では，どのような農業が行われているのでしょう」と発問し，「稲作を中心に農業を行っている」ことや「他の農業よりも米の生産に力を入れている」ことを確認します。その後，本時の学習課題である「北陸では，なぜ米を中心に農業を行うことができるのだろう」について考えていきます。

　複数の農産物を生産する地方が多い中，北陸地方の農業が米を単作で生産していることを理解し，他の地域との差が明確になることで，学習課題を探究しようとする意欲が高まっていきます。

何が増加して，
何が減少しているかな？

（変化の視点をもった読み取り）

変化の視点をもって，資料の読み取りを行えるようにするための発問です。

（公民的分野「少子高齢社会」）

T　少子高齢社会とは，どのような社会のことを指すのでしょう。

S1　子どもが減って，高齢者が増えている社会のことです。

T　では，教科書にある人口構造のグラフを見てください。1960年と2060年の人口構造のグラフを比べてみると，**何が増加して，何が減少しているかな？**

（生徒が調べる時間を確保する）

T　まずは，何が増加していますか。

S2　老年人口の割合が増加しています。

T　では，減少しているものは何でしょう。

S3　生産年齢人口と年少人口の割合が減少しています。

T　他に減少しているものはありませんか。

S4　人口そのものも減少しています。

　前項の「何の割合が高くて，何の割合が低いかな？」にも似ていますが，前項のキーフレーズでは「割合」に着目したのに対して，このキーフレーズでは「変化」に着目しています。

　また，このキーフレーズのポイントとして，**着目する視点によって読み取れることが変わる**ことがあげられます。S2やS3が着目しているのは，このグラフにおける「人口の割合の変化」です。それに対して，S4が着目しているのは「（総）人口自体の変化」です。

　このように，1つの資料からでも，複数の視点をもって考えられるような発問は，生徒に学習へのわくわく感を与えます。また，複数の視点をもって考えられる発問を繰り返すことで，生徒が資料を読み取る視点も多様なものになっていきます。

　例えば，地理的分野における出荷額の変化を示した帯グラフの読み取りでは「機械類の割合が増加して，衣服の割合が減少した」など，1つの視点で読み取ることが多く，その横に記載してある「出荷額全体の変化」に着目できない場合があります。

　そのようなときにも，このキーフレーズが有効な場合があります。資料に対して「他にも何か読み取れることはないだろうか」という積極的に考える態度を身につけさせることができれば，資料から読み取れる情報の量や質も高まっていきます。

みんなで協力して
見比べよう

（複数の目での読み取り）

集団で様々な考えを出し合うことで，より多くの気
づきを生むための言葉かけです。

（公民的分野「国会の役割としくみ」）

（Google Earth で，国会議事堂の外観，衆議院，
参議院の内観を見比べることができるプロジェクト
を作成し，生徒と URL を共有する）

T 国会議事堂の外観，衆議院や参議院の中を見比べて
みて，なぜだろうと思うことや気になることはあり
ませんか。

S1 1つしか表示できないので，見比べにくいです。

T では，**みんなで協力して見比べよう**。1台では難し
くても，複数持ち寄れば見比べやすいですよね。

S1 じゃあ，S2さんは外観を表示して，S3さんは衆
議院の中を表示してね。私は参議院を表示する。

S2 外観を見ると，参議院と衆議院はほとんど変わらな
いように見えるね。

S3 中は，衆議院と参議院ではいすや机の数も違うし，
飾りつけも微妙に違っているのはなぜだろう。

この授業は単元の導入に行うもので，国会議事堂の外観，衆議院や参議院の内観を見比べて，生徒に疑問や問いをもたせます。

最近では，生徒のタブレットやノートパソコンに資料を配布する授業も行われていますが，紙の資料よりも複数の資料を見比べることが難しい場合があります。そのようなときは，周囲の人と資料を持ち寄ることで見比べやすくなります。

また，1人で読み取りをするよりも，集団で様々な考えを交流した方がより多くの気づきが生まれることもメリットの1つです。

集団で資料を読み取る場合のポイントは，ブレインストーミングで行われるように，**気づいたことは声に出す，もしくは付箋などに書き出して共有する**ということです。グループで資料を見せ合っていても，考えていることを生徒が共有できていない場合があります。そこで「気づいたことや考えたことは声に出して，どんどん共有していきましょう」などの言葉かけを行います。

注意点は「個人で深く思考させたい場面」なのか「集団で様々な考えを交流させたい場面」なのかを教師自身が把握し，生徒と話し合いながら，その目的に合った言葉かけや学習方法を行うことです。

この後は「あまり変わらないように見える。どこが違うのか知りたい」など国会の役割や仕組みに対する疑問や問いをもち，学習意欲を高めた状態で単元の学習に入ります。

どこから読み取ったのかな？

（読み取りの視覚化，共有）

資料の情報をどのように読み取ったのかを視覚化して，全体で共有するための発問です。

（地理的分野「近畿地方」）

（資料を読み取る際に，直接資料に書き込みしながら行う。ここでは，Google Jamboard の背景に雨温図を挿入し，そこに付箋を貼るように指示している）

T　近畿地方では，北部・中央部・南部でどのように気候が異なっているでしょう。

S　北部の舞鶴では，冬の降水量が多くなっています。それに比べて，中央部の大阪では，冬の降水量が少ないことがわかります。

T　それは，**どこから読み取ったのかな？**

S　（ディスプレイを指さしながら）この部分に注目すると，北部の舞鶴では，中央部の大阪に比べて，冬に降水量が多くなっていることがわかります。

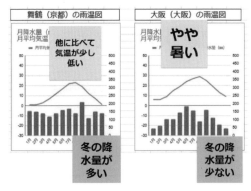

（雨温図は筆者作成）

　雨温図の読み取りは，生徒に習得させたい基本的な技能の１つです。そのため，クラス全員に力をつけられるよう，どこから読み取ったのかという「過程」も共有したいと考えています。しかし，**過程を言葉だけで共有することは，伝える側にも，聞く側にも難しい場合があります。**

　そこで，資料（画像）を提示することで，どこからそのように読み取ったのかという過程をクラス全体で共有し，資料を読み取る技能を上げることにつなげていきます。

　この授業は，地理的分野の「近畿地方」の学習場面（第２学年）ですが，より早い段階からこのような学習を繰り返すことで，雨温図を読み取る技能はさらに高まります。

　Google Jamboard や電子黒板など画像や映像を共有できる媒体があれば，地理的分野の雨温図だけでなく，歴史的分野の資料でも同じように「どこから読み取ったのか」を視覚的に共有することが可能です。

関連づけて考えよう

（複数の資料の関連づけ）

複数の資料から読み取った情報を関連づけて考えさせるときに行う言葉かけです。

（地理的分野「オセアニア州」）

（オーストラリアの降水量の等値線図と，牛と羊の放牧の分布が示されたドットマップを提示する）

T　オーストラリアの農業は，気候とどのような関係があるのでしょう。

　　まずは，２つの資料から読み取れることをそれぞれ書き出してみよう。

S　降水量については，内陸は少なくて，北や，南東，南西部で多いね。

S　牛は東部で多く飼育されていて，内陸でも少し飼育されているね。羊は，南東部と南西部に集中してる。

T　では，２つの資料からわかったことを，**関連づけて考えよう**。

S　降水量が多い南東部や南西部を中心に，牛や羊の飼育が行われていて，乾燥した内陸では，牛が少し飼育されています。

　複数の資料から読み取った情報を関連づけて考えさせたいときに行う言葉かけです。

　この言葉かけを行うことで，生徒は２つの資料から読み取った情報の共通点や相違点を見つけ出します。情報を関連づけて考えることで，オーストラリアにおける農業と気候の関係に対する理解を深めていきます。

　地理的分野の授業では，雨温図や主題図など**２つ以上の情報を組み合わせることで，傾向性や規則性を発見することにつながる場合があります。**

　例えば，日本の地域的特色における「日本の人口」の授業では，国土地理院ウェブサイトの「地理院地図」のツールを使い，日本の人口密度の高い部分を赤，老年人口の割合が高い部分を黄色で，地図にかき込みます。

（出典：国土地理院ウェブサイト「地理院地図」）

　このように，１つの地図上で複数の情報を関連づけることで，日本の少ない平野に人口が集中していることや，山間部では老年人口の割合が高いことなどの傾向や法則性を発見しやすくなります。

039

どれにあてはまるだろう?

(読み取った情報の分類)

資料から読み取った情報を分類するときに行う言葉かけです。

(地理的分野「日本の商業やサービス業」)

(第一次産業, 第二次産業, 第三次産業には, どのような産業があてはまるか確認した後, 渋谷(東京都)の大通りを資料として提示する)

T　ここにある看板やお店は, 先ほどの第一次産業から第三次産業のうち, **どれにあてはまるだろう?**

S　服を売っているお店は, サービス業だから第三次産業かな。

S　本屋とかレストランも, 第三次産業だね。

S　英会話も, 第三次産業かな。

T　東京の渋谷には, どの産業に関連するお店や看板が多いですか。

S　第三次産業に関連するお店や看板がほとんどでした。

T　では, 第三次産業がさかんな都道府県はどこでしょうか。また, なぜそこで第三次産業がさかんになっているのでしょうか。

　資料から読み取った情報を分類するときに行う言葉かけです。資料から読み取った情報を分類することで，特色や課題を捉えることにつながります。

　この授業では，第一次，第二次，第三次産業に分類することで，東京の渋谷では第三次産業に関連するお店や看板が多いことに気づかせていきます。

　産業の他にも，立場や位置などに着目しながら分類することが考えられます。最初の段階では，教師から「いくつに分類するのか」「どのように分類するのか」などと，視点を設定して生徒に提示します。**生徒の力がついてきたら，「どのように分類できるだろうか」と生徒自身が判断，選択しながら分類できるように言葉かけをしていきます。**

　また，思考ツールを使うことで，より視覚化され，情報を分析，整理しやすくなります。例えばPMI法で生徒が考えたアイデアをよい点，悪い点，おもしろい点に分類することや，YチャートやXチャート，もしくはWチャートを使って3～5つの視点で分類することが可能です。

PMI法

Plus よい点	Minus 悪い点	Interest おもしろい点

Yチャート	Xチャート	Wチャート

○○と比べて，
どんなところが違うかな？

（学習経験のある資料との比較）

学習経験のある資料と比較し，そこからどのように
変化したのか，または変わらないのかを考えます。

（歴史的分野「富国強兵」）

（富岡製糸場で機械を使いながら生産している資料
を提示する）

T　富岡製糸場における生糸の生産の仕方は，**江戸時代
の工場制手工業と比べて，どんなところが違うか
な？**

S　富岡製糸場だと，手作業じゃなくて機械を中心に生
産しているところが違います。

S　建物がレンガでできているところも違うと思う。

T　富岡製糸場における生産の仕方は，江戸時代の工場
制手工業と比べて，さらに何を進めようとしている
のでしょうか。

S　機械を取り入れて，大量生産を進めようとしている。

S　海外の人から技術を取り入れて，より利益の出る生
産の仕方を進めようとしています。

　生徒たちは，江戸時代に行われた生産方法である工場制手工業の資料について読み取りを行い，どのような仕組みで生産が行われていたのかを学習しています。この授業では，その際に使った資料と富岡製糸場で生糸の生産が行われている資料とを見比べることで，生産方法が機械化していることや西洋の技術を取り入れていることに生徒に気づかせていきます。

　その後「江戸時代の工場制手工業と比べて，さらに何を進めようとしているのでしょうか」という発問によって，導入での気づきと富国強兵の政策をつなげていきます。そこから「富国強兵の考え方のもと，日本がどのような政策を行ったのか，政策に関わる人々にどのような影響を与えたのか」について考えていきます。

　今までの学習と比較し，何度もその知識に触れることで，**学習内容が定着しやすくなると同時に，歴史の流れを大観することができます。**

　この発問では相違点に目を向けていますが，授業のねらいによっては「どんなところが同じかな？」と発問することで，「変わらない部分」に目を向けさせる場合もあります。

　地理的分野であれば，異なる地域の資料と比較することが考えられます。学習経験のある資料と比較し，どんな変化があるのか，またはないのかを考え，地域や時代の特色を捉える手がかりとしていきます。

実際に触ってみよう！

（実物による知的好奇心の喚起）

今まで学習した内容を深めることができる実物を準備し，実際に触ることで，知的好奇心を育てます。

（歴史的分野「縄文から弥生」）

（単元の学習を終えた後）

T　ここまでの学習で，どのような土器があって，それぞれにどのような特徴があったか覚えていますか。

S　縄文土器，弥生土器，須恵器！

S　縄文土器は縄の文様があって，弥生土器は少し硬くて，須恵器は，どんなのだっけ。

T　では，今日は土器に**実際に触ってみよう！**
　　近くの埋蔵文化財センターから借りてきました。この箱の中には，弥生土器と須恵器のかけらが混ざっています。これをきれいに分けてほしいんだけど，どうしたら見分けられそうかな。

S　手触りが違うかもしれない。

S　色とか，模様も違うはず。

T　では，班ごとに配布します。きれいに分けることができるでしょうか。やってみましょう。

　この授業は，自治体の埋蔵文化財センターから，実際に焦げ跡がついた縄文土器，生徒が触れられるような弥生土器と須恵器のセットを借りて行っています。

　「触れる」ということは，五感を使った学びになります。土器によって，硬さや重さ，手触りが違うことなど，教科書や紙の資料からでは読み取ることができないことを学ぶことができます。

　実物に触れるだけでなく，縄文土器から須恵器にかけて，製作の技術がどのように発達したのかということや，縄文土器の焦げ跡から，当時の自給自足の生活について振り返る機会を取り入れることで，単元の学習とつながりをもたせています。

　実物に触れる体験をすることは，生徒にとって大きな財産になります。実物を毎回授業に取り入れることが難しくても，いくつかの単元が終わった区切りなどで，このような活動を取り入れてみてはいかがでしょうか。

　実物に触れる体験型の授業をより効果的にするポイントは，**学習後に実物に触れる**ことです。「学習→体験→学習」という学びのスパイラルは，生徒の知的好奇心を大きく育てます。

　私の自治体では，土器を借りることができましたが，学校に教材としてあるものでも構いません。生徒が触れることを前提として使うことができるものがあれば，ぜひ一度チャレンジしてみてください。

正式名称は何かな？

（身の回りのものと社会との関わり①）

　日常生活で使用している身の回りのものと，社会との関わりに気づかせるための発問です。

（公民的分野「市場経済」）

（千円札の画像をスライドで提示する）

T　これは何でしょう。

S　お金！

S　千円札！

T　普段は千円札と呼んでいると思いますが，それは正式名称ではありません。**正式名称は何かな？**

S　わからない…。

T　実は，お札に書いてあります。

S　「日本銀行券」って書いてある！

T　そうですね。日本銀行券です。ということは，このお札を発券しているのはどこでしょうか。

S　日本銀行！

T　では，日本の中央銀行である日本銀行には，どのような役割があるのでしょうか。

　日常生活で使用している身の回りのものと，社会との関わりに気づかせるための発問です。

　千円札などの紙幣を日本銀行が発行していることを知っている生徒はいても，それを意識している生徒は多くありません。また，正式名称がお札に書いてあることを知っている生徒も多くはないでしょう。そこで，導入の段階で，自分たちが普段使っているお札が，日本銀行の役割と関わっていることを確認します。その後，日本銀行券を発行している日本銀行がもつ３つの役割を確認し，日本銀行はどのように景気をコントロールしているのか考えていきます。

　普段から使っているものについて，実は知っているようで知らないことはたくさんあります。**「知っていると思っていたけど，実は知らなかった」ことに，生徒が気づけるようにすることで，知的好奇心を刺激します。**

　もし正式名称を知っている生徒がいたとしても，「本当にそれが正式名称か，みんなで確認してみよう」と，千円券の中から正式名称を探すようにします。実際に確認することで，お札と社会の関わりに改めて気づく生徒もいるでしょう。

　他にも，いわゆる「車椅子マーク」を提示し，正式名称を尋ねることが考えられます。正式名称は「障害者のための国際シンボルマーク」です。「この名称からわかることは何でしょうか」と聞くことで，同じマークが世界共通で使われており，国際的に人権を保障するための取組が行われていることに気づかせます。

身の回りにないかな?

（身の回りのものと社会との関わり②）

日常生活で使用している身の回りのものと，社会との関わりに気づかせるための発問です。

（公民的分野「現代社会と文化」）

（made in China と書かれた鉛筆を見せる）

T　これはどこの国でつくられたものでしょう。

S　中国！

T　ということは，これは海外でつくられているということですね。では，他にも made in Japan 以外のものは，**身の回りにないかな?**　教室内を歩き回ってもかまいません。できるだけたくさん探してみよう。

S　着ている服が，ベトナム製だ。

S　教室のテレビは，中国製だ。

S　Chromebook も，中国製だ。

T　日本製以外のものを探してみて，気づいたことはありませんか。

S　身の回りのものは海外でつくられたものが多く，日本製のものは意外と少なかったです。

　先述のように，生徒は「知っていると思っていたけど，実は知らなかったこと」や，「見えているようで見えていなかったこと」の存在に気づくと知的好奇心が刺激されます。そこで，生徒自身が日常生活の一部に焦点を当て，考えるきっかけを，教師からの発問によってつくります。

　この授業では，教室内で使用しているタブレットや，教室のテレビ，服，文房具などが海外製であることに気がついています。

　事前に，家の中に日本製以外のものはないかを調べることを課題としておくと，ゲームや家電製品など，さらに多くの海外製のものがあることを実感しやすくなります。

　このキーフレーズは，様々な場面で取り入れやすく，授業で使われている先生も多いのではないでしょうか。**身の回りのものと社会がどのように関わっているのかに気づいた後は，その気づきを展開やまとめにおける学習とつなげていきます。**

　この授業では，どのように日本と海外がつながっているのか，グローバル化によるメリットやデメリットは何かを考えた後，まとめとして「現代の私たちは，海外とつながらずに生活することは可能か」「グローバル化が進む世界で私たちはどう生きていく必要があるか」と発問し，今や生活を続けるために海外とつながることは欠かせないということに気づかせ，世界との関わりの重要性に目を向けていきます。

みんなの住む○○と比べて，
△△にはどんな特徴があるかな？

（生活する地域と他地域の比較）

生徒が生活する地域と他地域を比べることで興味・関心を高め，両者の特徴を明確にしていきます。

（地理的分野「九州地方」）

（「九州地方」の単元の導入として）

T　もし，みなさんが九州地方に住むとしたら「これはいいな！」と思うことを探しましょう。

S　海がきれいで，いつでも泳ぎに行けそう。

S　スイカが有名だから，たくさん食べられそう。

T　九州地方に住むと，とても楽しそうですね。
　　では，今から九州地方について学習します。まずは，地形や気候について，どのような特徴があるか考えましょう。
　　みんなの住む○○地方の地形と比べて，九州地方の地形にはどんな特徴があるかな？　海，火山，島に着目してみましょう。

S　私たちの地方と違って，まわりを海に囲まれています。

S　火山がとても多いです。

日本の諸地域の地形について学習する授業では，白地図などを使って，特徴的な地形を暗記するだけの学習になりがちです。地形の名称や場所を覚えることは学習を進めるうえで大切ですが，諸地域の地形の特徴を，生徒自身の力で見つけ出してほしいと考え，このキーフレーズを用いています。

ポイントは，**どこに着目し，比較するのかを教師側から提示する**ことです。

ただ比較するよう指示するだけでは，視点が多過ぎて，どこに着目すればよいのかが生徒はわかりません。最初のうちは，着目する視点（ここでは，海，火山，島）を指示することで，生徒も比較しやすくなります。そこから「私たちの地方と同じで」または「私たちの地方と違って」などと，共通点や相違点を探していきます。

単元が進み，生徒が生活する地域について学習するときには「今まで，他の地方の地形とみんなの住んでいる〇〇地方の地形とを比べてきました。では，みんなの住んでいる〇〇地方の地形には，どんな特徴があると言えますか」などと発問することで，今まで学習してきた様々な地域と比べながら，生徒が生活する地域の特徴をより明確にしていきます。ここでは，今までの学習を生かし，自分たちが生活する地域の特徴を見つけ出すことを期待しているため「どこに着目するか」という指示はあえてしません。生徒自身の力で，どこに着目するかという視点をもてるようにしていきます。

045

もし，みんなが
○○に行くとしたら

（学習内容に対する想像力の喚起①）

学習内容について，生徒が頭の中で関係を深められ
るよう，その場所に行くことを想像させます。

（地理的分野「中国・四国地方」）

T　これは島根県で有名な観光スポットの出雲大社です。
　　もし，みんなが出雲大社に行くとしたら，どんなと
　　ころに注目して観光したいですか。
　　（生徒が調べる時間を確保した後，考えを聞く）

S　出雲大社の大きなしめ縄を実際に見てみたいです。

S　神話の場面を表した像が気になります。

T　中国・四国地方では，人口についてどのような課題
　　がありましたか。

S　高齢化や過疎化が進んでいる地域があります。

T　島根県でも，そのような課題を抱えています。では
　　島根県では，県外から訪れる観光客はどのように変
　　化しているでしょう。

S　年々増えています。

T　高齢化や過疎化の課題を抱える島根県で，なぜ県外
　　からの観光客が増えているのでしょうか。

この発問のねらいは，２つあります。

１つ目は，**学習内容について生徒が頭の中で関係を深められるようにする**ことです。私が所属する自治体は近畿地方で，中国・四国地方には行ったことがない生徒もいます。こうした生徒の生活圏と離れた場所について学習する際には，学習内容と生徒との結びつきが弱くなりがちです。そこで，生徒がその場所に行くことを想像し，頭の中で関係を深められるように工夫しています。

２つ目は，**わくわく感のある導入にする**ことです。旅行を計画するときにわくわくするのと同じように，生徒もその場所に行くことを想像することで，学習を楽しめるようになります。できるだけ具体的にイメージできるような資料を用意しておくことで，生徒の学習に対するわくわく感をより高めることができます。

この後は「島根県にある文化財や観光資源には，観光客をひきつける，どのような魅力があるだろう」「交通網が整備されたことは，観光客の増加とどうつながっているのだろう」という発問を行います。そこで調べたことや考えたことを用いて「高齢化や過疎化の課題を抱える島根県で，なぜ県外からの観光客が増えているのだろう」という学習課題を考えていきます。

導入で学習内容と生徒の関係を深めておくことで，展開で学習する観光資源の魅力について，生徒は共感的に理解し，納得感を高めていきます。

もし，みんなが
当時の○○だったら
（学習内容に対する想像力の喚起②）

　生徒が時代の中に入り込みながら考える視点をもた
せるための発問です。

（歴史的分野「明治維新」）

　　　（政治の中心が京都から江戸に移り，新政府がどの
　　　ような方針を示したのかなどを五箇条の御誓文から
　　　確認する）

T　　こうした幕末からの改革や社会の変化を「明治維
　　　新」と呼びます。新政府が，明治維新を「御一新」
　　　と呼び，人々に生活がよくなることへの期待をもた
　　　せようとしました。**もし，みんなが当時の人々だっ**
　　　たら，御一新で何が変わることを期待しますか。農
　　　民，武士，町人，それぞれの立場で考えてみましょ
　　　う。

S　　もし，私が当時の農民だったら，年貢が生活の負担
　　　になっているので，年貢がなくなることを期待しま
　　　す。

S　　もし，私が当時の武士だったら，何かいい役職につ
　　　けるのではないかと期待します。

　仮定である「もし」を使ったキーフレーズです。このキーフレーズを使うことで，当時の時代に入り込みながら考える視点をもてるようにします。

　まったくの想像で考えるのではなく，江戸時代後期の人々の生活はどのようなものであったか，どのように江戸幕府は滅亡に至ったのかなど，**学習したことを振り返るよう指示することで，時代背景とつながった考察を促していきます。**

　歴史的分野において「もし」を使った授業は時折見られますが，この発問を行う際には，以下のことに注意することが大切だと考えています。

①歴史上の結果を変える，または結果がわかっていることに対しては使わない。

②それまでの環境や，個人の気質などが影響する特定の「人物」ではなく，特定の「立場」などに置き換える。

　①，②とも，本来の学習目的から大きく離れてしまうことを避けるための注意点です。おもしろいだけでなく，学びにつながることが大切です。どのような学びにつなげるのか十分に検討したうえで，発問を行いましょう。

　この後は「実際に政治を行ったのは，どのような人々だったのか」「明治維新ではどのような政治が行われたのか」を確認します。その後「御一新により，人々が期待していたように社会は変わったのか」を問い，新政府の行った政治がどのようなものだったかを学習していきます。

なぜ私たちは，
○○しようとするのかな？

(既存の価値観の揺さぶり)

生徒がもっている価値観を揺さぶることで，より多様な価値観の形成につなげるための発問です。

(歴史的分野「室町文化」)

(導入については，「なぜ私たちは○○を想像できるのかな？」(p.180) で詳細を説明しています)

T　現代の文化と室町文化にはつながりがあるということですね。では，今の文化も，次の世代につないでいくことが大切なのでしょうか。

(うなずく生徒たち)

T　なるほど。では，**なぜ私たちは，後世に文化を伝えようとするのかな？**　今の段階では，みんなはどのように考えますか。

S　今ある文化も，今までの人たちが大切にしてきた文化だから。

T　では，今から問いを4つ提示します。その中で，今の学習課題に対して考えるために，必要だと思うもの，もしくは考えたいと思うものを選びましょう。

このキーフレーズは，今までもっていた価値観を揺さぶるための発問です。「〇〇しようとする」というところは生徒が普段当たり前だと思っていることです。それについて「なぜ」と発問することで，その行動に対する価値を再考することにつなげます。

文化を継承することは大切であると考える生徒は多くいますが，なぜ文化を継承することが大切なのかについてまで考えることができている生徒は多くはないでしょう。

この後は，次の4つの問いを提示します。

①文化は1つの時代で成立しているものなのだろうか。金閣や銀閣の造りに着目してみよう。

②このころ，庶民の間ではどのような文化が広まったのだろうか。また，それはなぜだろう。

③現在の文化と室町文化はどのようにつながっているのだろうか。

④今ある日本の文化は，私たちにとってどのような意味をもつのだろうか。

生徒は選んだ問いについて，個人で考えていきます。問いを選択する中で，生徒は自分自身の興味関心を探りつつ，課題解決のためにどのような学びが必要となるかなどの自己内対話を行います。その後，考えた意見を話し合いによって共有していきます。

価値観を揺さぶった後は，自己内対話と他者との対話を繰り返していくことで，多様な価値観の形成につながる話し合いができるようにします。

○○がなければ，
どんなことに困るかな？

(身近なものや仕組みの役割)

　身近なものや仕組みが，社会の中でどのような役割を果たしているのかに気づかせるための発問です。

(公民的分野「行政の役割と課題」)

T　行政の果たす役割は，私たちの生活とどのようにつながっているでしょうか。
　（NHK for School『内閣の役割って？』を視聴）

S　スポーツ環境の整備や，日本文化の発信，災害時の対策も行政が中心になって行っています。

T　私たちの生活と行政が，そのように関わっているということですね。
　では，**行政の役割を果たすものや仕組みがなければ，私たちはどんなことに困るかな？**

S　避難指示を出す仕組みがなければ，災害が起きたときに困る。あと，学校がなかったら，授業を受けることもできない。

S　行政の役割を果たすものや仕組みがないと，今までの生活を続けることが難しいと思います。

授業において，**生徒の課題意識をどのように高めていくのかは教師にとって課題の1つです。**

生徒の課題意識を高めるためには以下の点について考え，工夫する必要があります。

①生徒と課題との関わり

自分とその課題がどう関わっているのかを考えさせる。

②切実性・必要感

その課題を解決しなければ，どんな問題が生まれるのか，自分やまわりの人々がどう困るのかを考えさせる。

この発問では，身近なものや仕組みが，社会の中でどのような役割を果たしているのかに生徒が気づけるよう，工夫しています。

行政の役割は多岐に渡り，私たちの生活に密接に関わっています。教育やスポーツ，災害対策など，生徒にとって身近なものや仕組みも，だれが，どのように環境を整備し，人々が福利を享受できるようになっているのかに目を向けさせます。

この発問をすることで，生徒は，行政が社会全体の中で，大きな役割を果たしていることに気づきます。この後は，行政の果たす役割が拡大していることにより，どのような課題が生まれているのかを理解させることで，これからの行政の在り方について考えるきっかけとしていきます。

このように，自分自身とその課題がどう関わっているかを自覚できるようにすることで，生徒の課題意識を高めていきます。

今の私たちは
困らないですよね？

（違う立場の人々や将来世代が困ることへの気づき）

課題を解決しなければ，違う立場の人々や将来世代
が困ることに気づかせるための発問です。

（公民的分野「少子高齢化」）

（先述の「何が増加して，何が減少しているかな？」
（p.90）の発問で，人口構造の変化について読み取
った後）

T　少子化と高齢化について，それぞれどのような原因
　　があるか調べてみましょう。

S1　様々な原因があるけど，結婚しない人が増えている
　　ことや，晩婚化が進んでいることなどがあります。

T　先ほどのグラフからも，少子高齢化が進んでいるこ
　　とがわかりますね。しかし，少子高齢化が進んだと
　　しても，**今の私たちは困らないですよね？**

S2　私たちも，だんだん年を取っていきます。年を取っ
　　てから社会を支える仕組みをつくろうとしても，そ
　　れでは間に合いません。

S3　今，困っていることはなくても，まわりにはすでに
　　困っている人がいるかもしれません。

　この発問は，前項の「〇〇がなければ，どんなことに困るかな？」で説明したように，現代社会で起きている課題に対して，生徒が切実感や必要感をもてるようにするために行います。具体的には，たとえ今の自分が困っていないとしても，違う立場の人々や将来世代が困ることに気づけるようにするための発問です。

　キーフレーズの中に「今の」というひと言を入れることで，今だけでなく「異なる時間軸」に目を向けられるようにしています。また「私たち」の部分には，自分たちの世代だけでなく，他の世代にとって問題になっていないかというように「異なる立場」から考えることを期待しています。

　少子高齢化のような問題は，どこか別の世界で起きていることのように捉えている生徒もいます。そのため，今，自分自身が生活している社会で起きている出来事だと捉えられるよう，課題意識を高めていく必要があります。

　このような発問を行うことで，Ｓ２やＳ３のように，少子高齢社会の解決に向けた意欲が高まっていると捉えられる発言や，異なる立場で考えようとする発言が生まれてきます。

　自分たちと現代社会における課題を結びつけ，その問題を解決していこうという意欲が生まれれば，**授業における学びが，社会で生きる実践知となっていきます。**

○○には，目をつぶる
べきではないかな？

（見逃したくなる課題への着目）

見逃がしたくなる課題に対して，目を向けさせるための発問です。

（公民的分野「情報化が進む社会」）

T　情報化が進んだことで，より便利になったことは，どんなことでしょうか。

S　ネットショップで早く便利にものが買えることや，ＡＩの発達で災害の予測ができることです。

T　では，情報化が進んだことで生まれた危険性には，どんなことがあるでしょうか。

S　個人情報の流出やフェイクニュース。

S　システムが故障すると，被害が大きくなります。

T　情報化が進むことで，そのような危険性が生まれているのですね。でも，情報化が進むことで便利になっているのだから，**多少の危険性には，目をつぶるべきではないかな？**

S　今後一層情報化が進む社会の中で生きていくわけだから，その問題をないことにはできないと思います。どのように情報を使うか考えることが大切です。

　社会の中には，見逃がしたくなる課題や，見過ごしてしまいがちな課題が多くあります。情報化が進むことによって生まれる危険性も，その1つです。中学生の間でも，スマートフォンやSNSが急速に普及してきており，便利になっている反面，危険性も生まれています。しかし，現代の情報社会の中で生活してきた生徒にとっては，そのような状況が当たり前になっており，課題を見過ごしてしまいがちです。

　このキーフレーズでは，**「目をつぶるべきではないかな？」とあえて極端に問うことで，生徒が「この課題に目をつぶっていてもよいのだろうか」と自分自身の中で対話を行うように仕向けています。**この課題から目を背けたときにどのようなことが起きるのか，本当によいところだけに目を向けていてもよいのだろうか，という葛藤が生徒の中に起きることで，社会における課題と向き合う意欲を高めます。

　生徒が，社会における課題と自分の生活が切り離せないことに気づくことができると，その課題をどのように解決していけばよいのかという構想の視点も，同時にもつようになります。

　事前に課題と向き合う意欲を高めておくことで，この後に課題をどのように解決するかという提案を構想する場合にも，提案する内容に真剣味が増すことを期待しています。

協力するとできること，
○○だからできることを考えよう

（影響力と実現可能性）

社会への影響力が高い提案と，生徒にとっての実現可能性が高い提案をそれぞれ構想します。

（公民的分野「国際社会」）

（現代の戦争では，ＡＩを利用した兵器が使用されていることがわかる資料や動画を見せる）

T　ＡＩを搭載した兵器の怖さは何だろう。

S　隠れていても場所を感知して，攻撃してくること。

S　自爆型ドローンの開発競争が行われていること。

T　軍縮はなぜ進まないことがあるのでしょうか。ＡＩ兵器，核兵器，地雷に分けて考えよう。

（個人で考えた後，班で考えを共有する）

T　どうすれば世界から武器や兵器を減らし，平和を実現できるでしょうか。国同士が**協力するとできること，日本だからこそできること**を考えよう。

S　国同士では，お互いの国をもっと信頼すれば武器や兵器を減らせます。日本は，唯一の被爆国だからこそ，核兵器の削減・廃絶に向けた説得力のある取組や姿勢を見せることができます。

これまでも「平和を実現するためにできることは何でしょうか」などのように，課題を解決するためにどのようなことができるかという提案型の授業を行ってきました。しかし，どこか現実味のない提案や，生徒が個人的に「○○のようなことをしたい」と発言し，学びが深まらずに終わってしまうことがよくありました。

そこで「みんなで協力するとできること」と「○○だからこそできること」というように，**大きなスケールの視点と小さなスケールの視点の両面から考えることで，影響力の大きい提案と生徒にとって実現可能性がイメージしやすい提案の両方を構想する**ようにしています。

「みんなで協力するとできること」（ここでの「みんな」は，国同士）は，スケールの大きな視点です。社会への影響が大きい提案を行うことができますが，生徒にとっては距離感が遠く，実現可能性がイメージしにくくなります。

「○○だからこそできること」（ここでの「○○」は，日本）は，スケールの小さな視点です。生徒にとって，距離感が近く，実現可能性をイメージしやすいというメリットがありますが，大きな課題に対する有効性が低いものになりがちです。

こうした双方のメリット，デメリットを考えながら，課題を考察していきます。

…するために，○○から何を学び，
どう生かしていけるかな？

（学びをよりよい社会の創造に生かす視点）

よりよい社会を創造するために，学びをどう生かす
かを考え，表現させるための発問です。

（歴史的分野「日本の敗戦」）

（単元のまとめとして，第二次世界大戦においてど
のような犠牲があったか調べる）

T 太平洋戦争を含めた第二次世界大戦では，どれだけ
の犠牲があったのでしょうか。

S 日本を含めて数千万人の犠牲がありました。

S 住居や重要な建築物もたくさん壊れ，住む場所を失
った人も多かったです。

T 今まで第二次世界大戦について単元を通して学んで
きました。私たちが，**これから戦争のない社会をつ
くるために，これらの歴史から何を学び，どう生か
していけるかな？**

S 複数の国同士が対立し，大きな戦争が起きた結果，
想像以上の犠牲があったことを学びました。なぜ戦
争が起きたのか，起きるとどんな被害が出てしまう
のか，次の世代に伝えることができます。

　学びを社会の貢献のために生かしていこうとする姿勢は，これからよりよい社会を創造する一員となるうえで，育てていきたい態度の1つです。

　この単元の学習では「どのように戦争が起きたのか，どのような犠牲があったのか」を理解し，「よりよい社会を創造するために，学びをどう生かすか」を考え，表現することをねらいとしています。

　上記のようなねらいをもった単元や授業の中で，このキーフレーズを使うことで，学校で学んだことを，実生活や社会へ生かそうとする意識が少しずつ高まります。特に，**単元のまとめとなるような部分では，このような機会をもちやすいでしょう。**

　例えば，単元「これからの日本と世界」のまとめでは，東日本大震災を通じて，日本と世界がどのように関わってきたのかを学習した後，「世界で災害に苦しむ人々を減らすために，これらの出来事から何を学び，どう生かしていけるかな？」と発問します。そこから「防災だけでなく，災害を受けた後にどう復興するか」などの日本がもつ経験や技術を他の国々の支援に生かすことや，どのように世界と協力しながら安全な国や町づくりを進めていくことができるかを考えていきます。

　単元や授業における学びを進めてきた中で，最後の振り返りやまとめとして行うことで効果を発揮する発問です。

053

疑問に思うことはないかな?

（自らの意思で学習を進める態度）

生徒が学習内容に対して様々な疑問をもち，自らの意思で学習を進めようとする態度を育てます。

（歴史的分野「日本の独立」）

T　1951年，サンフランシスコ平和条約に吉田茂首相が調印しました。これにより日本は独立を回復します。（調印の様子を提示する）

T　吉田茂首相やまわりの人々は，どのような表情で調印しようとしていますか。

S　真面目な表情。少し怖い顔。

S　真剣，緊張した表情をしている。

T　この調印の様子を見て，何か**疑問に思うことはないかな?**

S　独立するのなら，もっとうれしそうな表情をしてもいいんじゃないかな。

S　調印の内容に，何か納得いかないことでもあったのかな。

　生徒が疑問や問いをもって学習に臨むことで「解決したい」という前向きな姿勢が生まれます。教師から与えられた課題だけでなく，そうして，自らの意思で学習を進めようとする態度を育てます。

　生徒がもった疑問や問いをもとに進める授業には，大きく分けて次の2つの過程があります。

①授業の導入で，生徒が疑問や問いをもつ。
②疑問や問いをもったことを個人や班で調べる。
③調べたことを班やクラスで共有する。
④教師からまとめの発問を行い，それについて考える。

①授業の導入で，生徒が疑問や問いをもつ。
②教師から発問を行い，学習を進める。
③まとめとして，②で学習したことや個々で調べたことを用いて，最初の疑問や問いについて考察する。

　前者のように，生徒が疑問や問いについてそれぞれ調べる学習であれば，より生徒の興味・関心に任せた学習内容と方法になります。一方，後者のように，教師の発問を中心に授業を進めれば，学習内容はブレにくくなります。

　学習過程の違いはあっても，**生徒自らが生んだ問いを解決する機会があるからこそ，学習を進めようとする意欲が高まります。**生徒がもった疑問や問いについて考える時間はできるだけ確保したいものです。

「本当にそうなのかな」と
思うことはないかな?

（「見えていないこと」の可視化）

資料の中から「見えていないこと」を見ようとする
疑問をもつための発問です。

（歴史的分野「敗戦後の日本」）

T　みなさんは「戦後」とはいつからだと思いますか。

S　ポツダム宣言を日本が受け入れたとき。

S　玉音放送が流されたときだと思います。
　　（敗戦直後の人々は，どのような生活を送っていた
　　のか確認する）

T　敗戦をきっかけに，海外の戦地にいた軍人や満州に
　　いた民間人など約600万人が2013年3月までに日本
　　に引き揚げてきました。
　　（どのような場所から，どれくらいの人々が引き揚
　　げてきたのかがわかる資料を提示する）
　　今の数字や資料に着目すると，「なぜだろう」と思
　　うことや，**「本当にそうなのかな」と思うことはな**
　　いかな?

S　なぜ帰るのに2013年までかかったのかな?

S　本当にこれで全員帰ってきたのかな?

　資料から読み取ったことから，批判的な疑問や問いをもつことで，資料を超えて情報を集めようとする意欲を高めます。

　資料にある情報がすべてではありません。**資料の中から「見えていないこと」を見ようとする批判的な思考が時には必要になります。**

　提示した資料には，約600万人が2013年３月までに日本に引き揚げてきたことが記述してあります。生徒が，この資料からは見えていないことに着目し「本当にそうなのかな，真相を知りたい！」と思ったとき，自ら学びに向かって動き出します。

　この後は，それぞれが疑問をもったことに対して個人で学習した後，学習したことを班やクラスで共有します。個人での学習では，教科書や資料集，タブレットなどを使い，それぞれの判断に任せて学習を行っていきます。共有する際には，他の人から学んだことや気づいたことを，自分のノートやタブレットなどに記録するようにします。

　まとめでは，導入と同じ発問である「それぞれの人にとって，『戦後』はいつから始まったのだろうか」について考えます。導入では，敗戦を受け入れたとき＝終戦と捉えていましたが，学習を進めることで「日本に帰ってくるまでの長い間，戦争が終わらない人もいた」「まだ，本当の意味で戦争が終わっていない人もいるかもしれない」などと考えが変容していきます。

意外だなと思うことは
ないかな？

（生活経験とのズレから生じる疑問）

生活経験から予想されることと，提示された資料や
出来事とのズレから疑問や問いをもたせます。

（公民的分野「市場経済」）

T　個人や同居している家族における経済活動のことを
　　「家計」といいます。簡単に言えば，みなさんの家
　　庭ではどのようにお金を得たり，使ったりしている
　　のかということです。
　　家計の「支出」は，どのようなことに多く使われて
　　いると思いますか。予想してみよう。

S　食費や衣服が多そう。あとはなんだろう…？
　　（勤労者世帯における家計の全国平均を提示する）

T　では，勤労者世帯における家計の全国平均を見てく
　　ださい。家計の支出を見て，**意外だなと思うことは
　　ないかな？**

S　食費も多かったけど，税金や社会保険料への支出が
　　結構多い。

S　保険，証券とか何かよくわからないものへの支出が
　　あった。

①生活経験から予想されることと，資料や出来事にズレが
あったとき。

②学習経験から予想されることと，資料や出来事にズレが
あったとき。

③「知らなかったこと」「わかっていなかったこと」に気
づいたとき。

　上のような場合に，生徒は疑問や問いをもちやすくなり
ます。このキーフレーズは，生活経験から予想されること
と，提示した資料や事実とのズレから疑問や問いをもたせ
るための発問です。

　家庭で使われているお金と聞いたときに最初に多くの生
徒がイメージするのは，食費や光熱費です。ですが，資料
からは税金や社会保険料などへの支出の割合が高くなって
いることが読み取れます。そのような生活経験とのズレか
ら疑問をもつことで，この後の「家計ではどのようなこと
に支出をしているのか」「今後，どのようなことに支出す
べきか」という興味・関心をもったまま学習に臨めるよう
にします。

　ポイントは，**資料を提示する前に，生活経験を振り返り，
予想を立てる**ことです。生徒が予想を立てる時間を確保し，
自分がもつ支出に関するイメージを明確にします。その後
で資料を提示することで，生徒は自分の予想（生活経験）
と資料の項目を見比べていきます。そこから，生活経験と
資料の中にある支出とのズレに気づき，疑問や問いが生ま
れやすくなります。

○○と比べて，おかしいと
思うことはないかな？

(学習経験とのズレから生じる疑問)

学習経験から予想されることと，提示した資料や出
来事とのズレから疑問や問いをもたせます。

(歴史的分野「日本の独立」)

T　1949年から，GHQ は，社会主義運動や労働運動を
制限するなど，日本における政策を修正していきま
す。
この動きについて，**占領直後の民主化政策と比べて，
おかしいと思うことはないかな？**
(疑問や問いを考える時間を確保した後)

S　GHQ は日本の民主化を進めていたはずなのに，な
ぜ社会主義運動や労働運動を制限したのか。

S　軍隊を解散させたのに，今度は警察予備隊をつくら
せるのはなぜか。

S　日本における政策を大きく変えているので，アメリ
カにとって，何か政策を変えなければならないよう
な出来事が起きたのか。

　生徒たちは，GHQ による日本の民主化政策がどのように進められたのかをすでに学習しています。様々な改革を行い，民主化を進めてきたはずの政策の方向性が変わっていることに，生徒は違和感をもち，そこから疑問や問いをもつようになります。

　学習経験から予想されることと異なる出来事を提示することで，生徒の中で「Aなはずだったのに，なぜBなのかな」という疑問や問いが生まれやすくなります。ここでは，**学習経験という土台があるからこそ，より解決に向かう必要性や重要性のある問いが生まれやすくなります。**

　この発問について考え，疑問や問いをもつためには，今までの学習を振り返る必要があるため，そのための時間を確保します。「○○（学習経験）と比べて」というフレーズから，多くの生徒たちは教科書などを見て，振り返りを行います。

　この後の授業展開としては，冷戦がどのような対立であったのかを確認した後「冷戦は世界各地にどのような影響を与えたのだろう」という学習課題を提示し，ドイツ，日本，朝鮮，核兵器についてそれぞれ考えていきます。学習課題に対する考えを共有した後，まとめとして，生徒がそれぞれ考えた疑問や問いに対する考えを書きます。学習課題について考える過程で得た知識を使い，生徒は疑問や問いに対する考えを導き出していきます。

○○に着目してみて，
気になることはないかな？

(疑問や問いの方向づけ)

特定の視点を提示することで，生徒が疑問や問いを
考える際に，方向性をもてるようにします。

(地理的分野「日本の地形」)

(ヒマラヤ山脈の写真を資料として提示する)

T　ヒマラヤ山脈では，最も高いところで標高約何mほ
　　どになると思いますか。

S　6000m？

S　富士山で3700mとかだから，5000mくらいかな？

T　最も高い場所では，8000m以上あります。

　　(国土地理院ウェブサイト「地理院地図」の陰影起
　　伏図（次ページ）の URL を生徒の Chromebook
　　に配布する)

T　世界の地形について，**「高さ」に着目してみて，気
　　になることはないかな？**

S　なぜヒマラヤ山脈やロッキー山脈は標高が高いのか。

S　海際に標高が高い場所が多いような気がする。

　　(造山帯の分布や特色について学習した後，まとめ
　　として自分の疑問や問いに対する考えを書く)

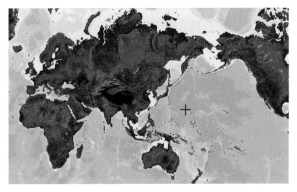

（出典：国土地理院ウェブサイト「地理院地図」）

　「どこに着目するか」という特定の視点を提示することで，生徒が疑問や問いを考える際に，方向性をもてるようにしていきます。

　ここでは「造山帯の分布や，日本と造山帯の位置にはどのような関係があるか」に着目できるような疑問や問いをもてるようにしたいと考え，発問の中に「高さ」という視点を入れています。

　「高さ」に着目することで「どのような場所は標高が高くなっているのか」「なぜ標高が高い場所と低い場所があるのか」など，ねらいに近づくような疑問や問いを生徒はもちます。

　ただ資料を提示して「疑問に思うことはありませんか」という発問を行っても，授業のねらいに沿った疑問や問いはなかなか生まれません。**授業のねらいに沿った疑問や問いが生まれやすくなるよう，資料の提示方法や発問，指示を工夫する必要があります。**

その疑問をもった理由も
一緒に発表してください

（疑問から問いへの転化①）

なぜその「疑問」をもったのか説明することで，解決の必要性を明確にし，「問い」にしていきます。

（歴史的分野「敗戦後の日本」）

（先述の「『本当にそうなのかな』と思うことはないかな？」（p.128）の授業で疑問をもった後）

T　では，今から班で自分がもった疑問を発表しましょう。また，そのときに，**その疑問をもった理由も一緒に発表してください**。

S　私がもった疑問は「本当にこれで全員帰ってきたのかな？」です。この疑問をもったのは，海外にいた人の中には，戦争が終わったことを知る手段がない人もいたんじゃないかなと思ったからです。

S　私は「なぜ帰るのに2013年までかかったのかな？」と疑問に思いました。戦争が終わってから帰るまで60年以上もかかっているし，その60年の間に帰れなかったのかなと思います。その間に何をしていたのかも気になります。

　「疑問」は感覚的なものですが，「問い」は解決するための行動につなげていくためのものです。学習の中で，生徒が疑問をもつきっかけを与えた後は，疑問を問いへと高めていく必要があります。

　なぜそのような疑問をもったのかを説明することで，根拠や解決の必要性を明確にして，疑問を問いにしていきます。

　生徒が疑問をもつ学習では，個人で疑問をもった後，班内で交流する場面をできる限り取るようにします。先述のように，感覚的な疑問をできる限り問いの段階まで引き上げるためです。

　ただ，このとき，他者の疑問を見て，自分がもった疑問を消してしまう生徒がいます。自分の疑問に自信がない場合もありますし，他の人から聞いた疑問を調べてみたくなったという場合もあります。

　このようなときには，「まずは自分がもった疑問を大切にしよう」と呼びかけます。**生徒自身が「調べたい」「考えたい」と思ったことを大切にしたいからです。**

　自分がもった疑問を大切にしたうえで「少し変えたい」「まわりの友だちから聞いた疑問について考えたい」と生徒自身が判断したときは，その疑問について考えていくようにします。

　最初は自分の疑問をもつことが難しい生徒もいますが，このような学習過程を繰り返していくことで，疑問の質も徐々に高まっていきます。

調べてみたい
ことはないかな?

（疑問から問いへの転化②）

　疑問をもったことに対して，実際に調べるなどの行
動に向かう問いにするために行う言葉かけです。

（歴史的分野「特産物の生産」）

　（「なぜAにもかかわらず，Bなのかな？（展開）」
　（p.30）の場面の続きです）

T　なぜ幕府が力を入れたのは米づくりだったにもかか
　　わらず，特産物の生産が盛んになったのだろう？

S　人々の生活が安定し，日用品をほしがる人が増えま
　　した。でも，貿易統制によって，国内に日用品が入
　　って来なくなったため，国内で生産する必要があっ
　　たからです。

T　このころの特産物について，気になることや，**調べ
　　てみたいことはないかな？**

S　このころの地元の特産物にはどのようなものがあっ
　　たのか調べてみたいです。かつおや鰯なども特産物
　　になっていますが，このころに捕れる量が急に増え
　　たのか気になります。

「調べてみたいことはないかな？」と発問することで，生徒がもった疑問を，課題の解決を前提とした問いとしていきます。

「なぜ幕府が力を入れたのは米づくりだったにもかかわらず，特産物の生産が盛んになったのだろう？」という学習課題について考えた後に，この発問を行っています。生徒の頭の中には，学習課題について考える過程で，さらなる疑問が生まれている場合があります。その感覚的な疑問を，実際に調べるなどの行動に向かう問いとして表出させるために，この発問を行います。

中には，地元の特産物について調べる生徒もいます。そのような学習により，**自分の地域に対する興味・関心を高めることもねらいの1つです。**

授業のまとめでは，問いに対して調べたことや考えたことをまとめて収束させるための発問や，今後，単元を通じた学習を進めるうえで必要となる知識を確認するための発問を行います。

例えば「特産物の中でも，漁業や鉱業はどのように発達したのでしょうか」と発問し，漁業は釣りだけでなく，網による漁が発達したため，獲れる量が増えたことや，鉱業では佐渡金山や生野銀山で開発が進んだことを確認しておくことで，今後，単元を通じた学習を進めるうえで必要な知識を習得させていきます。

さらに疑問に思った
ことはないかな？

（より深い学びを必要とする疑問や問い）

学習後に，この発問を行うことで，より深い学びを
必要とする疑問や問いをもてるようにします。

（歴史的分野「敗戦後の日本」）

（「その疑問をもった理由も一緒に発表してくださ
い」（p.136）の続きです。個々の疑問について学
習した後，それを班で共有し，全体発表をします。
この発問はその後の授業の終末部分で行います）

T 今日は，それぞれが疑問に思ったことについて，調
べたことや考えたことを共有しました。今日の学習
を通して，みんなの中で，**さらに疑問に思ったこと
はないかな？**

S 私が疑問に思ったのは，戦争が本当に終わったと言
える日はいつ来るのだろうかということです。なぜ
なら，戦争で生活を変えられてしまった人や，いろ
んな思いをもっている人がいて，現在でも，戦争は
終わっているとは言えないと思ったからです。

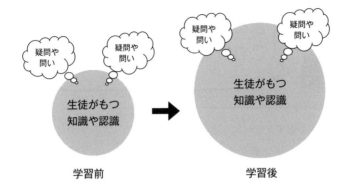

　生徒は，現時点でもっている知識や認識では説明できないものに疑問や問いをもちます。そのため，学習する前と比べ，学習を終えた時点で生まれる疑問や問いは，より深い学びを必要とするものに変わっていきます。

　授業や単元における振り返りの場面では，生徒が学習を通して理解を深めたことを確認します。このような場面でさらに疑問や問いをもつ機会を与えることで，より学びを深めていく学習サイクルが生まれます。

　また，授業後や単元の学習後に，このようなさらなる疑問や問いをもった後，**それについて学習したことをアウトプットする環境を確保することも大切**です。私の場合は，単元を振り返るワークシートの一部に，さらなる疑問や問いを書く欄を設け，疑問や問いについて自分で調べたことを自由に記入できるようにしています。こちらから指示を出すわけではありませんが，生徒が自主的に記入していくことを期待しています。

よくわからなかったことは，これからどうしたいかな？

（さらなる学習）

授業でわからなかったことを，さらなる学習につなげるための言葉かけです。

（地理的分野「アフリカ州」）

（先述の「『ここまで考えられました』が言えるといいね」（p.70）で学習課題について考えた後，まとめとなる部分です）

T　今日の授業で疑問に思ったことや，まだよくわからなかったことを書いてみましょう。
　　（生徒が書けたことを確認して）

S　ネリカ米がどのような点で New なのかよくわかりませんでした。

T　なるほど。疑問に思ったことや，**よくわからなかったことは，これからどうしたいかな？**

S　後で，資料集を使ってもう一度考えてみたいと思います。

　単元や授業の最後で疑問や問いをもった後，この発問を行うことで，さらなる学習につなげていきます。

　基本的には生徒の意欲ある学習に任せていますが，ここでは，生まれた疑問や問いに対して「どのように行動したいか」を言語化することで，行動に移そうとする意欲が高まることを期待しています。

　また，「『ここまで考えられました』が言えるといいね」（p.70）で述べた，避けたい「わかりません」との違いは，**思考したうえで「わからない」**ことです。

　思考したうえで「わからない」ケースには，以下のようなものがあります。

①未習，未知のケース

②学習課題について考えたけれど，まだわからないことがあるという未達成のケース

③学習した結果，さらに学びたいことが生まれたケース

　思考せずに「わからない」のとは異なるので，このような「わからない」は大切にすべきと考えています。学習を進めるほど，さらなる学習の空白が見え，そこを知りたいというスパイラルが生まれていくからです。

　とはいえ，生徒が「何をすればよいのかわからない」「何を考えればよいのかわからない」という場合は，教師側の指示や発問を再検討したり，個々に支援したりする必要があるかもしれません。生徒の状況をよく観察して，必要な言葉かけや支援を行いましょう。

カードを並べて,
世界地図をつくろう

（六大陸と三大洋の位置）

六大陸と三大洋の位置を，赤道や本初子午線との関係に着目しながら，理解させるための指示です。

（地理的分野「世界の姿」）

（世界地図を使って六大陸と三大洋の位置を確認）

T 六大陸と三大洋の名前と位置は覚えましたか。

S はい！

T では，今から本当に六大陸と三大洋の位置がわかっているか確認したいと思います。今から**カードを並べて，世界地図をつくろう**。

（方法や評価基準の書いてある用紙を配布。班ごとに作業を進める）

S ユーラシア大陸って赤道にかかってるのかな？

S 南アメリカ大陸の上の方は，赤道にかかってるよ。

S ユーラシア大陸とアフリカ大陸は，本初子午線に重なってる。

T 完成した班の班長は，先生を呼んでください。それぞれの大陸の名前に加えて，赤道や本初子午線との位置関係もしっかり理解できていますね。

　六大陸と三大洋の位置を，赤道や本初子午線との関係に着目しながら，大まかに理解させるための指示です。Google Jamboard を使い，下の資料の状態まで教師が作成しておきます。背景にスライドアプリを使って自作した画像を取り込み，赤道や本初子午線を引いています。

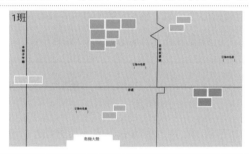

評価基準
　A：六大陸と三大洋の名称を覚え，赤道や本初子午線との位置関係に
　　　着目しながら，世界地図を完成させている。
　B：六大陸と三大洋の名称を覚え，世界地図を完成させている。
　C：世界地図を完成できていない。

　生徒たちは，それぞれのカードを増やしながら，世界地図を作成していきます。ポイントは，**世界地図の作成における評価基準を先に示すことと，細かな作業方法については，別紙で配布すること**です。

　評価基準を先に示すことで，どのような世界地図を完成させればよいか，見通しをもって作業に取りかかることができます。また，生徒が制作する時間を確保するためにも，教師から長々と説明することは避けたいところです。事前に詳細な方法や手順についてはプリントなどで配布し，示すようにします。

貝殻島の資料から, なぜだろうと
思うことはないかな?

(領土問題)

　領土問題について, 疑問や問いをもちながら学習する
ことで, 課題意識を高めるための発問です。

(地理的分野「日本の姿」)

（北方領土とはどのような領土であるか, 基本事項
を確認する。その後, 歯舞群島にある貝殻島の写真
を提示する）

T　ここは歯舞群島にある貝殻島です。昔から昆布がよ
く採れる漁場で, 今は日本が毎年ロシア側に入漁料
を払って漁をしています。
（貝殻島における昆布漁解禁の記事や, 入漁料をど
れくらい払っているのかがわかる資料を提示する）

T　**貝殻島の資料から, なぜだろうと思うことはないか**
　な?

S　なぜ日本の領土なのに入漁料をロシアに払っている
のかな?

S　なぜお金をたくさん払ってまで昆布漁をする必要が
あるのかな?

　日本における領土問題の導入として行う発問です。生徒たちは，領土問題について新聞やニュースなどで聞いたことはあるものの，詳しくは知らない，また，どのようなことが問題になっているのかがよくわかっていない状態です。

　そこで，昆布島の資料を配布し，北方領土における日本とロシアの認識の違いに気づかせます。生徒は「なぜ日本の領土であるにもかかわらず入漁料をロシアに払っているのだろうか」や「なぜそこまでして昆布漁をする必要があるのだろうか」といった疑問や問いをもちます。

　この後「日本が抱えている領土をめぐる問題には，どのようなものがあるか」について，ロシア以外にも，どの国と，いつごろから，どのような問題があるかを表にしてまとめます。まとめた内容を全体確認した後「他の国が求めているのは，領土だけなのでしょうか」「周辺に住んでいる人々は困りますが，それ以外の人々は困らないのではありませんか」と発問することで「領土とどのような権利や利益が結びついているのか」，また「領土問題は，その地域周辺の人々だけの課題ではなく，日本全体の課題である」ということに気づかせます。

　まとめとして，導入でもった疑問や問いに対する考え，学習を終えてさらに調べたいことや気になったことを書かせます。**領土問題における課題に気づける資料を提示し，疑問や問いをもったうえで学習を進めることで，領土問題に対する生徒の課題意識を高めていきます。**

○○とはどんなものか，
考えながら動画を見よう

（動画の視聴）

動画を視聴する前に，発問を行うことで，何につい
て考えるのか明確にし，生徒の思考を働かせます。

（地理的分野「寒い地域の暮らし」）

（シベリアにあるヤクーツクの場所を確認する）

T シベリアにあるヤクーツクでは，一番寒い月の平均
気温は何度になるでしょうか。

S −40℃です。

T −40℃とはどれぐらいの寒さなんだろう。ちなみに，
冷凍庫で−20℃くらいです。

S どれだけ寒いかイメージできません…。

T では，**−40℃の世界とはどんなものか，考えながら
動画を見よう**。
（ヤクーツクで，一瞬で濡れたタオルが凍ったり，
凍ったバナナで釘を打ったりしている動画を見せ
る）

T どうでしたか？

S 一瞬ですべてのものが凍る世界です。

S 外に出るのが不安になるくらい寒そうです。

　授業において動画を使用する場合に，ただ動画を見せる
だけになっていないでしょうか。動画を見せるということ
は，授業の中でそれだけ時間を費やします。その時間を思
考せずにただ動画を見て過ごす時間にしてしまっては，も
ったいないです。

　ポイントは，動画を見る前に，生徒に発問を行うことで
す。それによって，生徒は思考を働かせながら動画を見る
ようになります。ここでは，「−40℃」という具体的な数
字をあげて発問し，動画を見ながら寒い地域の人々の生活
がいったいどのようなものかを考えさせています。

　この後，シベリアの人々が，家の中では半袖で過ごす様
子を資料として提示します。

S　　えっ，半袖で過ごしてる！

S　　家の中では半袖なの!?

T　　亜寒帯であるシベリアに住む人々が，なぜ半袖で過
　　　ごすことができるのでしょうか。

　このように，動画でイメージしたこととは異なり，半袖
で人々が過ごしていることに生徒は驚きます。そこからシ
ベリアに住む人々が厳しい寒さの中で生活するために，ど
のような工夫をしているのかを調べていきます。

　教師側としても，どのような目的で動画を見せるのかを
明確にすることが大切です。**「動画を使って考えさせる」**
ことを目的とすれば，10分で編集された動画であってもす
べてを見せる必要はありません。考えるポイントはどこか，
動画を見せる前に焦点化しましょう。

065

なぜ同じ○○の中でも,
△△が違うのかな?

(範囲の中での違い)

「一定の範囲の中での違い」に着目させるための発問です。

(地理的分野「ヨーロッパ州」)

(ヨーロッパの国々における食事の様子を見て)

T ヨーロッパの食事で「これが食べてみたい!」というものはありませんか。

S ソーセージが食べてみたいです。

S ピザが好きなので,ピザが食べたいです。

T ヨーロッパであれば,どこでも食文化は同じでしょうか。
 ピザやソーセージは,それぞれどこの国でよく食べられていますか。

S ピザはイタリア,ソーセージはドイツです。

T **なぜ同じヨーロッパの中でも,食文化が違うのかな?** 気候や地形,農業のつながりに着目して考えてみましょう。

「Ａという一定の範囲の中でも，Ｂに違いがあること」
に着目させるために使うキーフレーズです。

この授業では，「Ａ＝ヨーロッパ」という一定の範囲を
生徒にイメージさせ，その中でも，「Ｂ＝食文化」になぜ
違いが生まれるのかを考えていきます。

Ａ（ヨーロッパ）という一定の範囲の中の

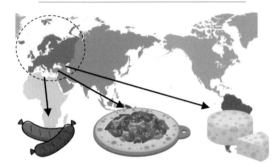

Ｂ（食文化）の違い

「なぜＡにもかかわらず，Ｂなのかな？」という発問と
同様に，知的好奇心を刺激しやすくなる発問です。ここで
は，「なぜヨーロッパでは地域によって食文化が異なるの
だろう」とシンプルに発問することもできますが，あえて
「同じヨーロッパの中でも」と言うことで，「Ａという一定
の範囲の中にあるＢの違い」が生徒にとってイメージしや
すくなるようにしています。

範囲に着目する以外にも，南アメリカ州における文化の
学習では「同じカーニバルでも，ヨーロッパと南アメリカ
ではどこが違うのだろう」というように，**１つの事象の中
にある相違点に着目しながら考えさせることもできます。**

066

ヨーロッパの人々にとって，教会とはどんな場所かな？

（ヨーロッパの人々とキリスト教の関わり）

ヨーロッパにおける人々の生活と，キリスト教の関わりを捉えさせるための発問です。

（地理的分野「ヨーロッパ州」）

（ドイツのニュルンベルクを Google Earth で提示し，生徒に URL を配布する）

T　ここはドイツのニュルンベルクです。この町の中に教会はいくつくらいあるでしょうか。数えてみましょう。

S　7つくらいかな。

T　同じ町の中に，教会が7つあるって多いのでしょうか。

S　すごく多いと思います。

T　なぜ，同じ町の中に多くの教会があるのでしょうか。

S　ヨーロッパでは，キリスト教を信じる人が多いからだと思います。

T　なるほど。では，**ヨーロッパの人々にとって，教会とはどんな場所かな？**

　ヨーロッパの文化の学習では，キリスト教にはどのような宗派があるのか，言語や宗教がどのように分布しているのかを定着させることに目が向きがちです。それも大切な知識の１つですが，教師から説明するだけの授業では，知識伝達のみになり，生徒が思考する余地がありません。

　そこで，授業の導入では，この発問によって，ヨーロッパの人々の生活とキリスト教の関わりについて捉えられるようにします。

S　日本人にとっての，お寺や神社と同じで，結婚式など，人生の大切な行事でよく使われている場所です。

S　日曜日には，礼拝をするなど，普段の生活でもよく使われる親しみのある場所だと思います。

T　では，キリスト教では主にどのような宗派に分かれているのでしょうか。

S　プロテスタント，カトリック，ギリシア正教会です。

T　同じキリスト教でも宗派によって，何が違うのでしょうか。

　このように授業を展開していくことで，生徒はヨーロッパの人々の生活とキリスト教の関わりを捉え，宗派による違いを理解していきます。宗派を覚えるだけでなく，宗派による違いについて考えることで，生徒の理解がより深まります。教師から知識を伝達するだけでなく，**生徒が知識を習得する場面，知識を使う場面などを授業の中で設定していくことで，知識が定着しやすくなります。**

フェアトレード商品が広がると，どんなよさが生まれるかな？

（様々な立場からの考察）

生産者，消費者など，複数の立場から，フェアトレードのよさを考えさせる発問です。

（地理的分野「アフリカ州」）

（事前に以下のような課題を提示しておく）

T　フェアトレード商品には，どんなものがあるか探してこよう。また，どこで売っているのか，値段なども調べてみましょう。

S　フェアトレード商品って何ですか。

T　いい質問ですね。気になったことは，どんどん調べてきましょう。

　（導入では，調べてきた内容について共有し，フェアトレードの仕組みが世界で広まっていることを確認する。その後，アフリカ州では，特定の産物に頼っている国があることを確認し，コートジボワールで一番輸出額が多いカカオ豆の価格が大きく下がったときに失われるものは何か，現地で働く人々と，生産国の立場からそれぞれ考える）

T　では，世界に**フェアトレード商品が広がると，どんなよさが生まれるかな？**

　このキーフレーズによって，「現地で働く人々」「生産国」「フェアトレード商品を買う人々」という3つの立場から，フェアトレード商品が広がるよさを考えていきます。

　生徒にとって，生産側のメリットを想像することは難しくありません。そのため，フェアトレードについての学習を行うと，生徒が慈善事業と捉えてしまうことが少なくありません。そこで，**消費側も含む複数の立場からフェアトレードのよさについて考えられるように工夫します。**

　事前に「カカオ豆の価格が大きく下がったときに失われるものは何か」について考え，「価格の変動により，職や教育の機会を失う人が増える」など，モノカルチャー経済が現地の人々の生活面にも影響を与えることを確認し，このキーフレーズを投げかけます。

S　フェアトレード商品を買う人にとって，どんなよさがあるのかがどうしてもわかりません。

T　よさは，お金以外にはないのでしょうか。

S　安定した収入があれば，生産者がより質の高いカカオをつくろうとするから，買う側はフェアトレードの商品を買うことで，より質の高い商品を手に入れることができます。

　考えることに困っているグループには，上のような補助発問を行って，消費側の視点を広げて考えられるようにします。

068

アフリカの経済と私たちの生活は,
どうつながっているのかな?

(離れた地域との結びつけ)

自分たちの生活と,遠く離れた地域の経済を結びつ
けて考えさせるための発問です。

(地理的分野「アフリカ州」)

(前項の授業の続きです)

T　では,考えたことを発表してください。

S　現地で働く人々や生産国には,収入が安定するよさ
　があります。安心して生活を続けることができ,仕
　事にもやる気が出ます。一方,フェアトレード商品
　を購入する人々には,質の高い商品を手に入れやす
　くなるというよさがあります。

T　フェアトレードが世界に広がることで,様々な人に
　とってのよさが生まれるのですね。では,**アフリカ
　の経済と私たちの生活は,どうつながっているのか
　な?**

S　アフリカでは,モノカルチャー経済の中で,安い賃
　金で働く人々もいます。日本に住む私たちが適切な
　価格でそのような国から商品を買うことで,多くの
　人の生活を安定させることにつながります。

　生徒が自分の生活と学習を結びつけられるよう，私が普段の授業で意識して行っていることは以下の２点です。

①過去の体験の中に似たような事象がないか，共通点を探させる。

②自分自身や自分が属する地域や国の活動が，遠く離れた場所で起きる事象に影響を与えていることに気づかせる。

　遠く離れた場所になるほど，生徒にとって，そこで起きている課題を「自分自身と結びつける」ことは難しくなります。そこで，チョコレートやコーヒーなどのフェアトレード商品が身近な店舗やインターネットで購入できることを知らせ，どれくらいの価格で販売されているかを調べさせるなど，生徒が体験する機会を増やすために，事前課題を提示しています。こうした**日常の体験や経験を通すことで，生徒にとって学習内容がより身近なものになっていきます。**

　まとめとして，このキーフレーズを投げかけることで，アフリカの経済と日本に住む私たちの生活がお互いに影響を与え合っていることに生徒は気づいていきます。「モノカルチャー経済の課題は，自分たちと関係ない遠い世界のもの」ではなく，「他国の課題も自分たちの課題」と捉えられるようになり，生徒の課題意識が高まることを期待しています。

069

「様々な文化を尊重する」
とは，どういうことかな？

（生徒自身の言葉への置き換え）

抽象的な内容を，学習を通して生徒が自分自身の言葉に具体的に置き換えていきます。

（地理的分野「オセアニア州」）

T　オーストラリアの公用語は英語ですが，オーストラリアの小学校では英語以外に何語を勉強するでしょうか。

S　日本語や韓国語かな。

T　正解は，イタリア語，インドネシア語，日本語，ドイツ語，中国語，フランス語…などです。
　　なぜ英語が公用語のオーストラリアで，様々な言語を学ぶようになっているのでしょうか。
　　（オーストラリアの多文化社会がどのようにつくり上げられてきたかを確認した後，オーストラリアでは，だれ（どこ）の文化を，どのように尊重しているのかを表にまとめる）

T　オーストラリアにおける文化を尊重する取組について学んできましたが<u>「様々な文化を尊重する」とは，どういうことかな？</u>

「それって，具体的にはどういうこと？」（p.58）と同様に，抽象的な内容を具体化するための発問です。

この授業では，オセアニア州における多文化社会について学習していきます。展開では，オーストラリアで，様々な文化をどのように尊重しているのかを表にまとめていきます。

だれの／どこの文化を	どのように尊重しているのか
先住民族 （アボリジニ）	・伝統文化を尊重するための配慮
移民	・テレビやラジオでは，英語以外の言語でも 　放送が行われる ・学校での外国語教育

教科書には「オセアニア州は，様々な文化を尊重する多文化社会となっている」というような内容が書かれていることがあります。しかし，この文章を読んだだけでは，生徒が「様々な文化を尊重すること」を深く理解できているとは言えません。そこで，このキーフレーズで，より具体的な内容として生徒の言葉で置き換えていきます。

S　「どのような地域の人々にとっても，住みやすい環境をつくっていくこと」です。

S　「その地域で生活してきた先住民の伝統文化を守り，継承していくこと」だと思います。

授業のまとめで「○○とは，どういうことかな？」と発問することで，**この時間を通じて広げてきた考えや得た知識を収束させ，抽象と具体を結びつけることができます。**

交通網の発達は，日本中の
人々を便利にしたのかな？

（公正の視点）

公正の視点を取り入れることで，交通網の発達が生
んだ課題に気づかせるための発問です。

（地理的分野「日本の交通網」）

（東京から大阪間の移動時間がどのように変化して
いるかわかる資料を提示）

T　東京から大阪間の移動時間は，この100年間でどの
ように変化しているでしょうか。

S　昔は，移動に半日以上かかっていたけど，今は2時
間半くらいで移動できるようになっています。

T　移動時間が短くなると，人々の生活はどのように便
利になるでしょうか。

S　1日で遠くまで旅行や仕事に行けるようになります。
品物も，注文したらすぐに届きます。

（日本国内における自動車輸送と鉄道輸送の変化に
ついて，理由もあわせて考える）

T　交通網が発達することで，便利になった人が増えた
んですね。では，**交通網の発達は，日本中の人々を**
便利にしたのかな？

　交通網の発達により，便利なことが増えています。その一方で，様々な課題も生まれています。この発問では「日本中の人々を」というフレーズを入れることで「すべての人にとって便利になったのか」という，公正の視点を取り入れながら考え，交通網の発達が進んだことにより生まれた課題に気づくようにします。

S　過疎地では，バスや電車の路線が廃止され，今までよりも不便になっている人もいます。

T　日本中の人々が便利になっているわけではないのですね。交通網の発達で，どのような人々は便利になって，どのような人々は不便になったのでしょうか。

S　発達した交通網の近くに住んでいる人は，交通手段がいろいろ選べて便利です。でも，過疎地などの中心部から離れて住んでいる人は，今まで通りの生活が難しくなるかもしれません。

　日本全体をイメージしながら考え，高速道路など発達した交通網の付近にいる人々が便利になっている反面，そこから離れた人々には不便さがあることに生徒が気づけるようにします。

　コンパクトシティ構想が進む地域もありますが，中心部の人々がより便利になる反面，どのような課題があるかを考えることは大切です。

　最終的には**「今ある課題に目を向けつつ，そのうえですべての人々にとってよりよい社会をつくるにはどうすればよいか」**を考えられることを期待しています。

紀伊山地の森林を守ることは，
何を守ることにつながるのかな？

（メリットの多面的な考察）

森林を守ることには，環境が守られるだけでなく，
異なる面でもメリットがあることに気づかせる発問で
す。

（地理的分野「近畿地方」）

（吉野杉や尾鷲檜，それらを原料とした家具の写真
を提示する）

T　木材の質の高さをどのようなところから感じますか。

S　すごく真っ直ぐ。色もいいし，木の模様もきれい。

T　良質な樹木が育つ紀伊山地ですが，最近では，荒れ
た森林も増えています。また，世界遺産にも登録さ
れた熊野古道でも山道が荒れています。なぜ，この
ようなことが起きているのでしょうか。

S　林業に従事する人が減って，林を手入れする人が少
なくなってきているからです。

S　観光に訪れた人々が，ごみを持ち込んだり，植物を
持ち帰ったりして，生態系が崩れているからです。

T　では，これから**紀伊山地の森林を守ることは，何を
守ることにつながるのかな？**

　森林を守ることは，動植物などの自然環境を守るだけでなく，私たちの生活を守ることにもつながっている，といったように，メリットを多面的に考えさせるための発問です。

　人々の生活と自然環境はお互いに依存し，関わり合っています。したがって，「人が自然を守らなければいけない」という，人から自然への一方向的な考え方だけでなく，双方向的な考え方ができるようにする必要があります。そこで，この発問をすることで，紀伊山地の森林を守ることにより「自然から人間へどのような恩恵があるのか」に着目しながら考えられるようにしています。

　この発問では**「何を守ることにつながるのか」という形式にすることで，生徒が考えるときに，より多様な解釈ができるようにしています。**

　生徒からは「森林を守ることは環境を守ることだけでなく，林業など人々の仕事を守ることにもつながる」「森林を守ることで，観光業が盛んになる。観光業が続けば，そこに住む人々の生活を守ることにつながる」「熊野古道という世界遺産を，次の世代に残すことにつながる」など，人々の仕事や，観光業，文化など，様々な面に着目しながら考えた発言が生まれます。

　人が自然からの恩恵を受けていることに気づくことができれば，生徒たちの中で，自然環境を大切にしようとする意欲や必要感は高まっていきます。

午前2時から収穫するレタス農家
の苦労は報われるのかな？

（価値を高める工夫）

生産するレタスの価値を高めるために，どのような
工夫が行われているのか考えさせるための発問です。

（地理的分野「中部地方」）

（長野県の川上村で，早朝にレタスの収穫を行って
いる写真を提示する）

T　長野県の川上村では，何時ごろからレタスの収穫を
行っているでしょうか。

S　朝の5時くらい？

S　空がオレンジ色なので，夕方だと思います。

T　正解は，朝の2時です。

S　えっ，早すぎじゃない!?

S　朝っていうか，ほぼ夜だよね。

T　では，**午前2時から収穫するレタス農家の苦労は報
われるのかな？**　「お客さんの笑顔が見られてうれ
しい」のような道徳面以外から考えましょう。

S　午前2時から収穫することにどんな意味があるんだ
ろう。

　一見すると，レタス農家の心情にアプローチするような発問に見えますが，生徒に考えさせたいのは「レタス農家は，労働の対価に見合うよう，どのようにレタスの価値を高めているのか」ということです。そのままでは，やや難しい言葉が並ぶため，生徒が思わず考えたくなるように文面を工夫しています。また，**「午前2時から収穫する」と**いう内容を入れることで，時間に着目しながら考えられるようにしています。

　この発問に対しては，主に3つの知識を使いながら生徒が考えることを期待しています。

①高原の涼しい気候を利用して，朝の早い時間に収穫し，より鮮度の高い状態で出荷する。

②整備された高速道路を使い，東京や大阪など，大都市の大きな市場へ運ぶ。

③②のような場所で「朝採りレタス」として販売し，市場におけるレタスの評価を高めている。

　②や③について考える際には「都市部のスーパーマーケットなどで，朝採りレタスとして販売されている様子」や「長野県川上村から東京や大阪の主な市場までの輸送時間」などを資料として提示すると，より根拠の確かな意見を生徒がつくることができます。

　この後は，「中央高地にある甲府盆地や長野盆地に広がる扇状地の利用方法は，どのように変化しているか」について考え，産業と自然がどう関わり合っているか考えることを通して，中央高地の産業の特色を捉えていきます。

変わらないことに価値があるものが,
なぜ変わってきているのかな?

（「当たり前」の揺さぶり）

生徒が「当たり前」と考えていたことを揺さぶり,
多様な考え方ができるようにするための発問です。

（地理的分野「東北地方」）

（東北地方にはどんな伝統的工芸品があるのか調べ,
どの伝統的工芸品に興味をもったか共有する）

T　伝統的工芸品とは,そもそもどのようなものでしょ
うか（経済産業省の基準を提示）。

S　長く続いていて,地域の伝統を受け継ぐものです。

T　では,伝統的工芸品の現代における価値とは何だと
思いますか。

S　昔からの技術が伝わってきたこと,100年以上前の
ものが今に伝わっていることです。

（海外で売られている南部鉄器の画像を提示）

T　海外で売られている南部鉄器は,今までの南部鉄器
から,どのように変わっていますか。

S　ピンクや紫など,カラフルになっています。

T　伝統的工芸品のように**変わらないことに価値がある
ものが,なぜ変わってきているのかな？**

生徒が「当たり前」と考えていたことを揺さぶり，多様な考え方ができるようにするための発問です。「伝統は変わらないもの」「変えずに伝えていくことが大切」などの考えをもつ生徒は少なくありません。こういった，生徒が「当たり前」と思っていた考え方では対応できない事象と出会うことで，伝統的工芸品の価値を再認識しつつ，その伝統的工芸品がなぜ変わってきているのかに焦点を当てて考えていきます。

最初は，東北地方にどのような伝統的工芸品があるのか，それぞれの生徒が興味をもったものを調べます。そのうえで「伝統的工芸品とはどのようなものであるか」を聞くと「技術が受け継がれてきたこと」や「昔からの伝統」といった意見が出ることが想定されます。そして，経済産業省による伝統的工芸品の基準を確認し，このキーフレーズによる発問を行います。

生徒たちは，今までの考え方では対応できない事象と出会うことで，もっている知識や認識を組み替えたり，新たな情報を取り入れたりして「ほしい人がいなければ，伝統的工芸品をつくり続けることができなくなってしまう。今の伝統を続けるためにも，現代の需要に合わせて伝統を少しずつ変えていく必要がある」などの考えをもちます。

まとめでは**「伝統的工芸品をつくり続けていくうえで，どのような課題があるのでしょうか」**と発問し，後継者不足や，現代の需要に合わせてどこまで伝統を変えてよいのかといった課題を捉えられるようにします。

実際の様子を見てみよう

（ICT による視覚化）

考えたことや予想したことが実際はどうなっているのか，ICT を利用して確かめるための言葉かけです。

（地理的分野「地形図の読み取り」）

（尾根と谷とはどのような地形か確認した後，尾根と谷が入り交じった地形図を提示する）

T　この地形図では，どこが尾根で，どこが谷になるでしょうか。尾根になる場所を青で，谷になる場所を赤で，線を引いてみましょう。

S　ここは，谷になるんじゃない？

T　では，**実際の様子を見てみよう。**

　　（陰影起伏図を提示する）

S　ここも尾根だったんだ。見つけた以外に谷もある。

T　地形図上では，どのような場所が尾根で，どのような場所が谷になりますか。頂上と等高線の関係に着目して，説明してみましょう。

S　頂上から外に等高線が広がっていくところは尾根になって，反対に頂上に等高線が向かっていくような場所は谷になっています。

（出典：国土地理院ウェブサイト「地理院地図」）

　地形図を読み取る技能を身につけさせる際，地形図に表された高低差の読み取りは，生徒にとって難しい場合があります。平面で表現された地形図から，実際の地形を立体的にイメージすることができないからです。そこで，国土地理院ウェブサイト「地理院地図」の陰影起伏図（右上）を使って視覚化します。地形図と陰影起伏図を比較すると，イメージした地形と実際の地形にどんな違いがあるか確認できます。ポイントは，**最初から陰影起伏図を提示するのではなく，地形図から予想する時間を確保したうえで，予想と実際の地形にどんな違いがあるのか確認する**ことです。

　地理的分野では，地形や場所を視覚化することに ICT を活用すると学習に効果を発揮する場面が少なくありません。地理院地図だけでなく，Google Earth を利用することも可能です。例えば，ニューヨークが世界最大規模の経済力を誇る場所であることをイメージさせたい場合，「アメリカにおいてニューヨークはどのような場所でしょうか。実際に見てみましょう」と発問し，ストリートビューを資料として提示する方法が考えられます。

歴史は変わるか，変わらないか

（歴史の授業開き）

歴史的分野における授業開きで，暗記科目のイメージを変え，学ぶことのおもしろさを伝えていきます。

（歴史的分野「歴史の学び方」）

T 今日から，歴史の授業を始めていきます。みなさんが小学校のとき学んだ歴史上の人物や出来事を教えてください。

S 聖徳太子！　大化の改新！

T よく勉強していますね。では，ここで１つ聞きます。**歴史は変わるか，変わらないか**。どちらでしょうか。

S 変わらないと思うけど…。

T 先生が中学生として授業を受けていたころ，最も古い人類はアウストラロピテクスで，人類誕生は約400万年前でした。みなさんの教科書には何と書いてありますか？

S 最も古い人類は猿人で，約700万年前に人類が誕生したと書いてあります。

T なぜこのように，大きく歴史が変わったのでしょうか。

歴史を暗記科目とイメージしている生徒たちに，学ぶことのおもしろさを伝えるキーフレーズです。現代に生きる私たちは，過去にどのようなことが起きたかを，様々な資料などをもとに検証し，解釈しています。この歴史に対する解釈は，新しい発見があれば変わっていきます。そのことを生徒にも気づかせます。

S　それよりも古い骨が発見された。

S　遺伝子とか調べてわかったことがあるのかな。

T　新しい化石人類の発見があったことや，今まで考えられていた場所と違う場所に住んでいたことなど，今までの説を覆すような発見があったことで，教科書も現代の研究に合うよう修正されています。
　　では，これからみなさんが歴史を学ぶうえで大切なことは何だと思いますか。また，歴史を学ぶうえで楽しみなことは何か，教えてください。

S　大切なことは，教科書の資料も使いながら，自分でも考えてみること。楽しみなことは「これは本当かな？」っていろいろ想像できることかもしれません。

経験上，歴史的分野は，生徒の好みが分かれやすい分野です。生徒によっては「覚えることが多くて大変」と考えています。そこで，**歴史の学習においては，自分自身で考えることの必要性や，考え方の中に幅があることを知らせることで，これからの学習にわくわくできるような授業開きを目指します。**

現代と古代の中国で，印鑑の
使われ方はどう違うのかな？

（現代とのつながり）

現代と古代の中国において，同じ道具でも使われ方
がどのように違ったのか考えます。

（歴史的分野「秦と漢による統一」）

T　みなさんは，印鑑をどんなときに使いますか？

S　宅配便が来たときによく使います。

T　印鑑の元である印章は，紀元前3500年前〜紀元前
　　3000年ごろに生まれ，それがシルクロードを通って
　　中国まで伝わりました。秦の始皇帝は，この印を，
　　皇帝が使う印と他の身分の人が使う印で分けるよう
　　にしました。なぜ秦の始皇帝は，皇帝の印と他の身
　　分の人が使う印を分けたのだと思いますか。

S　自分の身分をより高く見せるため？
　　（このころ中国がどのように統一されたのか，秦や
　　漢では広大な地域を治めるためにどのような政治が
　　行われたのかをまとめる。授業の終結部分で，以下
　　の発問を行う）

T　現代と古代の中国で，印鑑の使われ方はどう違うの
　　かな？

　印（印鑑，印章）は古代中国から現代に至るまで使用されてきました。現代に生きる生徒たちにとって，印とはサインであったり，自分自身であることを証明したりする際に用いられるものです。授業の終結部分で，古代中国と現代における印の使い方を比べることで，「古代中国における秦や漢などの国家が，広大な地域を治める政策の１つとして，印により，自分の力や身分の高さを示していた」ということに気づけるようにします。

	…をした	…のために
秦	・貨幣や文字，ものさしなどを統一 ・皇帝の呼び名を使う ・万里の長城の修築	・自分の力を示すため ・より広い範囲を統一するため
漢	・儒教を取り入れる ・周辺の国王に印を与えて統治を認める ・楽浪郡を置く	・朝鮮半島を支配するため ・周りの国々に統治を認め，国交を結ぶため

　展開部分では，上のようなワークシートで「秦や漢が広大な地域を治めるために，どのような政治をしたのか」を具体的な事例と理由をもとに調べていきます。**展開で事例と理由を調べておくことで，キーフレーズとつながりをもたせています。**

　この授業では，歴史的事象と現代の生活をつなげることまではできていますが，現代社会における課題との結びつきまでは考えられていません。歴史的事象から学んだことと現代社会の課題をつなげられる授業の構成になると，さらに学習と現代社会との結びつきが強くなります。

どんな点で，武士の気風に合った，
力強くわかりやすい文化なのかな？

（文化と作品の合致）

文化の特色と作品がどのように合致しているのか考
えさせることで，文化の理解を深める発問です。

（歴史的分野「鎌倉文化」）

（鎌倉文化の主な作品をプリントで確認した後）

T 今までみなさんが学んできた文化の特色とはどのよ
うなものだったでしょうか。飛鳥文化，天平文化，
国風文化について思い返してみましょう。

S 飛鳥文化は，日本で最初の仏教文化。天平文化は，
奈良時代の国際色豊かな文化。国風文化は…。

T そうでしたね。では，鎌倉文化はどのような文化か
というと「武士の気風に合った，力強くわかりやす
い文化」とありますね。

鎌倉文化は，**どんな点で，武士の気風に合った，力
強くわかりやすい文化なのかな？**

平家物語，金剛力士像，新古今和歌集，禅宗から考
えましょう。

S 金剛力士像は見た目の筋肉が力強いよね。

S 平家物語はどこがわかりやすいんだろう…。

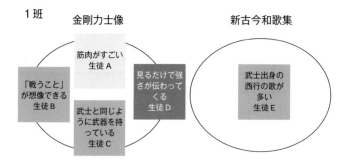

この発問をすることで，生徒は一つひとつの作品から，どのような点が文化の特色と合致しているか読み取りを行います。文化と作品を合致させる学習活動を通して，必然的に文化に対する理解が深くなる状況をつくることができるようにしています。

読み取りを行うときにはグループ単位で活動し，考えたことをスライドや Google Jamboard にまとめていきます。この授業では，Google Jamboard の付箋を使い，青色は武士の気風に合っている点，オレンジ色は力強さを感じる点，黄色はわかりやすさの点というように，**色分けしてまとめていきます。**

例えば，金剛力士像は見た目から力強さを読み取ることができます。平家物語からは，琵琶法師が物語を語ることによって，読み書きが難しかった人にまで広がったことがわかります。

文化の特色の視点をもって読み取りを行うことで，それぞれの作品と時代背景のつながりを捉えることができます。

ストーリーにしてまとめよう

（人間関係や時系列の整理）

複雑な人物関係や時系列を，ストーリーにしてまとめることで，思考を整理します。

（歴史的分野「鎌倉幕府の崩壊」）

（鎌倉幕府の崩壊から，南北朝の争乱，室町幕府が成立するまでの流れや人物関係を確認する）

T では，どのように鎌倉幕府が滅び，室町幕府が成立したのか，流れや人物関係を**ストーリーにしてまとめよう**。

S どうやってストーリーにすればいいですか。

T 例えば，マンガのように人物にセリフを入れる，起きたことを順番に矢印で整理するなどの方法が考えられます。方法については自由ですが，今回は先生が，人物の名前を入れたテキストを準備しているので，それも使ってみてください。

S えっと，最初は後醍醐天皇に，足利尊氏と楠木正成がついていて，鎌倉幕府を倒すよね。

S でもその後，後醍醐天皇と足利尊氏に分かれるから…。あれっ，どっちが南朝で，どっちが北朝？

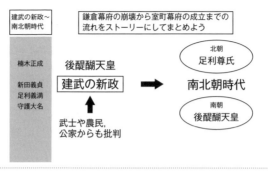

　鎌倉幕府の滅亡から室町幕府が成立するまでの学習においては，人物関係や流れが複雑です。そこで，**ストーリーにしてまとめる作業をする中で得た知識を活用していくことで，知識の整理と長期的な定着をねらいます。**

　この授業では，スライドアプリやGoogle Jamboardなどを使用してまとめていきます。必要となる人物は，事前に教師がテキストボックスで作成していますが，生徒に登場人物を書き出させてもよいでしょう。生徒はそれらを利用しながら，関係図や時系列をストーリーとしてまとめていきます。

　この授業では，具体的に内容をまとめるため「鎌倉幕府の崩壊」「建武の新政から南北朝時代」「室町幕府の成立」の3つの場面に分けてストーリーを作成しています。

　この後は，できたストーリーを他者と共有し，足りなかった点やよかった点をお互いに評価していきます。共有した後「この中で守護はどのように成長してきたか，場面別に考えよう」と，鎌倉幕府の崩壊から室町幕府が成立する中で，守護がどのように成長してきたのかを考えます。

なぜトイレの普及が交通の発達とつながっているのか考えよう

（見えにくいつながりへの着目）

事象と事象の間にある見えにくいつながりに着目させるための発問です。

（歴史的分野「産業と交通の発達」）

T　今日は室町時代の産業がどのように発達したのかについて学習します。今から，鎌倉時代から室町時代にかけて産業がどのように発達したのかに関わりがある事柄を5つ見せます。どんな順番で産業が発達したのか考えてみましょう。

（①トイレの普及，②定期市の回数が増える，③交通が発達する，④職業の種類が増える，⑤農業の発達の5つを提示する）

S　⑤，③，②，④，①かな。トイレは最後。

T　正解は，①，⑤，④，②，③の順番です。
　順番を見て，なぜだろうと思うことはありませんか。

S　なぜ農業が発達すると，職業が増えるのだろう。

T　いろいろな疑問がありますね。まずは疑問について各自で考え，最終的には，**なぜトイレの普及が交通の発達とつながっているのか考えよう。**

　事象同士の間にある見えにくいつながりに着目させるための発問です。①～⑤のように産業が発達していったのはなぜか，事象同士のつながりに着目し，因果関係を考えていきます。疑問をもたせるのは**「事象同士のつながりの中で，どこが見えていないのか」を生徒自身の手で気づけるようにするため**です。この後，生徒はまず個人でそれぞれ疑問に思ったことについて調べ，その内容や考えを共有します。その後，キーフレーズに対する考えをまとめていきます。

S　農業が発達して，人々の生活に余裕が生まれた結果，農業以外の職業も増えました。

S　定期市の回数が増えると，ものを運ぶことが必要になるので，それに伴って，交通も発達しました。

T　なぜトイレの普及が交通の発達へとつながったのでしょうか。まとめていきましょう。

S　鎌倉時代になると多くの収穫を得ることが重視され，人々の糞尿が肥料として使われるようになり，農業が発達します。すると，生産量にゆとりができて，日常生活の中で，農作業以外のことをする時間が生まれたからです。さらに…。

　上記のように，事象同士のつながりを意識して学習することで，室町時代の産業がどのように発達したか，大きなまとまりとして捉えることができ，知識を単体で学習するよりも，室町時代の産業に対するイメージがより豊かなものになっていきます。

なぜ私たちは○○を
想像できるのかな?

（歴史と生活経験の結びつけ）

　歴史と現代における生活につながりがあることに気
づけるようにするための発問です。

（歴史的分野「室町文化」）

（東求堂同仁斎内部の写真を提示する）

T　この中で，当時の人々はどのようなことを行ってい
　　たと思いますか。

S　生け花や書道をしていた。

S　武士は座禅をして，心を落ち着けるのに使っていた。

T　**なぜ私たちは500年以上も昔の建物を見て，どのよ**
　　うなことを行っていたのかを想像できるのかな?

S　家によるけれど，今でも畳や床の間があります。現
　　在の文化とつながることがあるからイメージしやす
　　かったです。

S　おばあちゃんの家に，同じような部屋があります。
　　500年以上も前の建物の造りだけど，そうして現代
　　の家にも使われているから，私たちにも想像できる
　　んだと思う。

「なぜ私たちは，○○しようとするのかな？」（p.114）の授業の導入で行った発問です。

想像することができるということは，「学習内容と生徒がもつ生活経験の間に共通点がある」ということです。

この発問を行うことで，生徒たちは，自分の生活経験を振り返り，500年以上前の建物の造りやその中で行われていたことと共通する点はないかを探し，生活経験と歴史的事象を結びつけていきます。

この導入のねらいは，歴史上の文化と，現代社会の文化がつながっていることに生徒が気づくことができるようにすることです。

ただ，現代の家庭では畳や床の間がない住宅も増えています。以前は，このような発問で，学習内容と生徒の生活経験を結びつけることができていましたが，今は結びつけることが難しい生徒も増えています。

今まで行っていた発問が，いつでも効果的であるとは限りません。**社会の変化と目の前にいる生徒に対する理解を深め，発問も変えていく必要があります。**

この後は，北山文化と東山文化について，別プリントで基本事項を確認した後，先述の学習課題である「なぜ私たちは後世に文化を伝えようとするのかな？」について考えていきます。

年貢として米を運ぶなら，全部江戸へ
持って行けばよいのではないかな？

（複数の見方・考え方）

様々な見方・考え方を組み合わせて，考えることが
楽しい発問を目指します。

（歴史的分野「交通網の整備」）

T　江戸時代における情報の伝達や，ものを大量に運ぶ
　　手段にはどのようなものがあったでしょうか。

S　情報を伝えるのは飛脚かな。

S　ものを大量に運ぶには船が使われました。

T　このころ，陸上と海上の交通はどのように整備され
　　たのでしょうか。
　　（五街道や宿場町が各地にできたこと，西廻り航路
　　や東廻り航路が発達し，菱垣廻船なども使われたこ
　　とを確認する）

T　西廻り航路や東廻り航路では，東北から主に何が運
　　ばれたでしょうか。

S　お米です。

T　西廻り航路では大阪へ，東廻り航路では江戸に運ば
　　れていますね。しかし，**年貢として米を運ぶなら，
　　全部江戸へ持って行けばよいのではないかな？**

このキーフレーズは，江戸時代における交通と商業のつながりについて考えることが目的です。海上交通の発達により，ものを大量に速く運べるようになったこと，町人が多く様々な取引が行われる大阪へ米が多く運ばれたことを捉えていきます。さらに「もし当時，両替えやお金の貸し借りをする金融業がなかったとすれば，ここまで商業は発達したでしょうか」と発問し，金融業の発達という貨幣経済の視点を示します。**先ほどまで考えてきたことに異なる見方・考え方を組み合わせる**わけです。

S　大阪は商業の中心であり，町人の数も多い場所でした。米の取引市場もできていて，全国から大量の年貢米や取引が多く行われるような場所だったので，大阪に米が多く運ばれました。

T　交通を整備したとしても，**もし当時，両替えや，お金の貸し借りをする金融業がなかったとすれば，商業は発達したでしょうか**。

S　西日本と東日本で使われる貨幣が違ったので，やりとりが不便になったと思います。また，大量の米や特産物の取引を行うために，お金を借りて取引することもありました。金融業の発達も，商業が発達するためには大切なことだったと思います。

複数の見方・考え方を組み合わせて考えることで，考えることがより複雑かつ楽しくなります。「考えたくなる」だけでなく，実際に「考えることが楽しい」発問を目指したいところです。

当時の日本は，どの国に対しても平等な態度で接したのかな？

（国に対する態度の違い）

明治政府が行った外交について比較することで，国に対する態度の違いに気づかせる発問です。

（歴史的分野「新政府の外交」）

T　岩倉使節団は，主に何のための使節だったのでしょうか。

S　欧米との不平等条約を改正することを目的とした使節でした。

（どのような国や地域を訪問しているか確認する）

T　海外を見て回り，条約改正に失敗した岩倉使節団は，欧米諸国とのどのような違いに気づき，何を目指しましたか。

S　欧米の方が，政治や技術が進んでいたことに気づき，欧米諸国と対等な関係になることを目指しました。

T　当時の日本はどのように周辺の国々と関わっていったのでしょうか。清，朝鮮，ロシアに分けて調べましょう。

T　（考えを確認した後）**当時の日本は，どの国に対しても平等な態度で接したのかな？**

清	朝鮮	ロシア
1871年 日清修好条規 →対等な条約 領事裁判権を互いに 認めた。	（日本内部の動き） 征韓論が高まる 岩倉・大久保　対立 西郷・板垣 江華島事件により 日朝修好条規 →日本が一方的に領事 　裁判権をもつ。	1875年 樺太・千島交換条約 を結ぶ。 ↓ ウルップ島から千島 列島を日本の領土と した。 代わりに樺太全島を ロシア領とする。

　日本が清，朝鮮，ロシアに対してそれぞれどのような外交を行ったのか，調べたことを表にまとめ，この発問を行います。

S　清とは対等な条約を結び，ロシアにはある程度ゆずりながら，樺太・千島交換条約を結びました。

S　朝鮮とは，不平等な条約を結ぶなど，かなり強気な姿勢であることがわかります。

　この発問を行うことで，生徒たちは「**清，朝鮮，ロシアに対して行った外交には，どのような相違点があるのか**」に着目します。

　清とはお互いに領事裁判権を認めていたものの，朝鮮には一方的に日本が領事裁判権をもっていたことなど，国ごとの関係性の違いに気づいていきます。

　それぞれの国と行った外交の内容を表にまとめてから，比較するための発問を行うことで，生徒たちは相違点に気づきやすくなります。

学んだことを思い返すと, さらに
調べてみたいことはないかな?

(学習経験の振り返り)

文明開化について学んだことを振り返りながら, 近代文化に対する疑問や問いをもたせる言葉かけです。

(歴史分野「近代文化」)

(黒田清輝の『湖畔』と東洲斎写楽の絵では, 描き方にどのような違いがあるか確認する)

T このような黒田清輝の表現技法は, どこから取り入れたものでしょうか。

S 欧米から表現技法を取り入れています。

T このころ, 絵画では黒田清輝が欧米から最新の表現技法を学んでいます。欧米の文化を取り入れたと聞いて, 思い出すことはありませんか。

S 文明開化と一緒です。

T 文明開化について**学んだことを思い返すと, さらに調べてみたいことはないかな?**

S 絵以外でも, 欧米の影響を受けたことはないかな?

S 日本画はすべて欧米の影響を受けたのだろうか?

　文明開化についての学習では，日本のものが外来のものに取って代わっていること，もの以外にも欧米の考え方や生活様式が入ってきていることを学習しています。このことを生かし，次のように授業を展開していきます。

ゴールとなる捉えさせたい学習内容

欧米文化が積極的に受け入れられていく中で，日本の伝統文化を再評価し，欧米の文化を取り入れつつも新たな文化が発展したこと。

キーフレーズによって生徒がもつと考えられる疑問や問い，それに対する考え

○すべての文化が欧米の影響を受けて変わったのか？
　→日本の伝統的な美術が再評価され，新しい日本画も生まれた。
○絵以外で，欧米文化が取り入れられたものはないか？
　→絵だけでなく，彫刻や音楽でも欧米の表現が取り入れられた。

まとめの発問

　欧米文化が積極的に取り入れられたことで，今までの日本の文化とは全く異なる新しい文化が生まれたのか。
→ゴールとなる捉えさせたい学習内容へ

　ゴールとなる捉えさせたい学習内容にたどり着けるような疑問や問いがもてるように働きかけを行っています。生徒がもつ疑問や問いは多岐に渡るため，生徒同士の交流で詳細な学習内容についても捉えていく場合が多いですが，**必要な場合は教師から補足説明や補助発問を行います。**

だれが，だれに向かって，
何のためにものを投げているのかな？
（自由民権運動の広まりと政府による弾圧）

　自由民権運動が全国へ広まったことや反政府運動に対して政府が弾圧を行ったことを理解させます。

（歴史的分野「自由民権運動」）

（自由民権運動の演説会で，ものが飛び交う資料を提示）

T　この絵では，**だれが，だれに向かって，何のためにものを投げているのかな？**　予想してみましょう。

S　聴衆が警察官に向かって，話をやめさせないようにものを投げていると思います。

T　板垣退助も西郷隆盛も，このころの政治に不満をもっていました。板垣退助と西郷隆盛が，政治に不満をもった理由と，不満を訴えた方法は，それぞれどのようなものだったでしょうか。

S　板垣退助は，専制政治に対して不満をもち，言論で訴えました。西郷隆盛は，武士の特権などがなくなった士族の不満を西南戦争という形で訴えました。

T　この後，国民の意見が反映される政治を実現しようとする活動は，どのような人々に広がり，どのような活動が行われたのでしょうか。

授業の導入とまとめで同じ発問を行い，自由民権運動が全国へ広まったことや，反政府運動に対して政府が弾圧を行ったことを理解できるようにします。

（自由民権運動が士族だけでなく，豪農や商工業者まで広まったこと，演説会が開かれ，国会開設の要求が行われたことを確認する）

T　国会の開設が約束された後，政治に意見を反映させたい人々は，どのような活動を行いましたか。

S　自由党や立憲改進党などの政党をつくりました。

T　この後，政府は自由民権運動に対し，言論の統制や集会の取り締まりを厳しく行いました。なぜ政府はこのような取り締まりを厳しく行ったのでしょうか。（『都道府県別の自由民権運動の結社・政社の数』がわかる資料を提示）

S　全国的に自由民権運動の結社・政社の数が増えていたので，言論を統制することで，これ以上，自由民権運動が広まらないようにしたと思います。

T　最初の絵をもう一度見てください。この絵では，**だれが，だれに向かって，何のためにものを投げているのかな？**

S　自分たちの意思を政治に反映させたい国民が，演説を中止しようとする警察官に向かって，自由民権運動の広がりを止めさせないために投げています。

最後は，秩父事件などの騒動の中で自由民権運動が衰えていったことを確認します。

欧米の文化や生活様式を取り入れる
ことに抵抗はなかったのかな？

（従来の文化の見直し）

生活習慣の欧米化が農村や都市に広がる一方で，今
までの文化や伝承が見直されたことを理解させます。

（歴史的分野「文化の大衆化」）

（都市化や教育の普及が進む中で大衆向けの新たな
文化がつくられたこと，どんな文化が広まったのか
を学習後，文化住宅の間取りがわかる資料を提示）

T この資料から当時の人々の生活で，欧米化していた
ことがわかることを探しましょう。

S 洋室の応接間，蓄音機，暖炉があります。

T このころ，都市の発展とともに，生活習慣の欧米化
が進みました。人々の間で欧米化はどのように進ん
だのでしょうか。

（住宅，食事，衣服，娯楽に分けて表を作成する）

S 住宅では文化住宅が増えて，食事でもカレーライス
などを食べるようになりました。衣服では，モダン
ガール，モダンボーイなどのように西洋化が進み，
テニスなどのスポーツも普及しました。

T 当時の人々は，欧米の文化や生活様式を取り入れる
ことに抵抗はなかったのかな？

このころ，人々の間で欧米化はどのように進んだでしょうか			
住宅	食事	衣服	娯楽
文化住宅	カレーライス	洋服	映画
洋風の応接間	オムレツ	モダンボーイ	野球
コンクリート製の建物	ケーキ	モダンガール	テニス
→関東大震災	洋菓子		欧米のスポーツ

　上のように「このころ，人々の間で欧米化はどのように進んだのか」について，住宅，食事，衣服，娯楽に分けた表を作成し，まとめていきます。

　生徒は，学習を進めていく中で，欧米の文化が取り入れられたことで人々の生活がどのように変化したのかを捉えていきます。生活習慣の変化が，農村にも広がっていったことを確認した後で，このキーフレーズによる発問を行います。

S　すべての人々が，欧米の生活や習慣を取り入れようとしたわけではなく，柳田國男のように，古くから受け継がれてきた民衆の生活や習慣を見直そうとする人もいました。

　都市化とともに大衆向けの文化が生まれ，人々の生活様式が欧米化していった中でも，**もともとあった文化を大切にしようとした人々が存在したことを理解できるようにします。**

不景気により，アメリカは
どうなってしまったのかな？

（株価の大暴落が招いた経済的混乱）

株価の大暴落が招いた経済的混乱がどのような影響
を与えたのか捉えさせる発問です。

（歴史的分野「世界恐慌」）

（「1920年代のニューヨーク」を資料として提示）

T　この資料を見て，1920年代のアメリカが繁栄してい
　　たことがわかる部分を，3つ以上探してみましょう。

S　車が多いし，高層ビルがとてもたくさんあります。

S　大きな船がいくつも港に並んでいます。

T　1929年の10月24日に，ニューヨークで株価が暴落す
　　ると，一転してアメリカは不景気になります。
　　この**不景気により，アメリカはどうなってしまった**
　　のかな？　ワークシートにあてはまる数字を，班ご
　　とに考えてみましょう。

S　閉鎖した銀行は400くらいじゃないかな？

S　教科書や資料集にいくつか載っている！

① 1週間で300億ドルの損失。これは当時の
　アメリカ政府（　　　）年分の国家予算。

②株価が1週間で（　　　）分の1になる。

③（数：　　　　）の銀行が閉鎖した。

④（　　　）人に1人が仕事をなくす。

正解例　①10　②7　③6000　④4

　導入部分では，アメリカの経済的な繁栄と株価の暴落に
よる影響を対比できるようにすることで，経済的混乱がど
れだけのものであったかを捉えられるようにします。

　上の問題にあてはまる数字を，生徒は教科書や資料集を
使いながら調べていきます。

　①〜④の問題は，**教科書だけでなく，資料集に載ってい
る内容も混ぜることで，様々な資料に目を通しつつ考えら
れるようにしています。**この学習を通して，1週間で10年
分の国家予算を損失したことや，6000もの銀行が倒産した
事実から，生徒たちは株価の暴落による影響の大きさを捉
えます。

　この後は「不景気の影響を受けたのは，アメリカだけだ
ったのでしょうか」と発問することで，当時の経済的な混
乱は，アメリカ国内だけでなく，貿易などでアメリカとつ
ながりをもっていた他地域や国にも影響を与え，世界的な
恐慌となっていったことを理解できるようにします。

087

なぜ木炭自動車がよく使われるようになったのかな？

（戦争中の代用品）

　日中戦争により，人々の生活がどのように変わっていったのか考えるきっかけとなる発問です。

（歴史的分野「日中戦争」）

　（木炭自動車の資料を提示する）

T　この自動車の燃料はガソリンではありません。何を燃料に走るのでしょうか。

S　ガス？

T　この自動車は，木炭を燃やし，そのときに出るガスを燃料にしていました。木炭自動車は，ガソリン車に比べて，エンジンが動くのに時間がかかり，速度も遅かったそうです。しかし，1930年代後半になると，木炭自動車の導入が増えます。ガソリン自動車よりも不便であるにもかかわらず，**なぜ木炭自動車がよく使われるようになったのかな？**

S　ガソリン自動車が高くて買えなかったんじゃない？

S　ガソリン自体が高くて使えなかったとか？

日中戦争が始まったことにより，国内の物資や資源は戦争に優先して使われるようになりました。ガソリンもその1つで，人々が乗るバスなど日常生活の場面では使う余裕がなくなってきました。このころから，代用品の使用が呼びかけられ，木炭自動車もガソリン自動車の代用品として使われるようになります。

この導入をきっかけとして，人々の生活が戦争により，どのように変わっていったのかを考えていきます。この後，日中戦争が始まった経緯と，中国で毛沢東と蒋介石が共同して抗日民族統一戦線をつくった結果，戦争が長期化したことを確認し，以下の発問を行います。

T　日中戦争は，日本における人々の生活にどのような影響を与えたでしょうか。

1938年 （国家総動員法） の成立	1940年 （大政翼賛会） に政党も合流	生活に必要な 物資の不足	軍国主義教育 の強化
↓	↓	↓	↓
国民を軍需工場で働かせることができるようになる	自由な言論活動が困難になる	ぜいたくの禁止 木炭自動車などの代用品が使われる 配給制の開始	戦いに関する教育が学校でも行われるようになる

上のような表をつくり，**物資だけでなく，教育や政治面からも考えることで，戦争が人々の生活をどのように変えたのかを多面的に理解できるようにします。**

なぜ日本は戦争をやめようと　しなかったのかな？

（戦争の長期化が人々の意識に与えた影響）

> 　戦争の長期化が，人々の意識にも影響を与えたことを捉えさせる発問です。

（歴史的分野「太平洋戦争」）

T　ミッドウェー海戦の後，アメリカ軍はどのように日本に迫ってきていたのでしょうか。矢印を使って，地図に書き込みましょう。

S　徐々に日本に迫ってきて，最後は上陸しています。

T　このころ戦局が悪化していたことが，どのようなところからわかりますか。動画を見て考えましょう。
（戦時中の国民生活がわかる動画を視聴する）

S　食事や生活用品が配給になり，それでも足りなくなっていました。

S　学校でも，兵士になれる教育をして，少しでも戦力を増やそうとしていました。

T　ここまで戦局が悪化していたにもかかわらず，**なぜ日本は戦争をやめようとしなかったのかな？**　流行語の変化，マスメディア，政府などの視点から考えてみましょう。

　流行語が1925年から1945年にかけてどのように変化した
のか，また，マスメディアによる報道の内容と実際の状況
の違いがわかる資料を用いて，考えていきます。

　流行語は「モボ・モガ」のようなものから「鬼畜米英」
などへと変わったこと，マスメディアは戦況が日本にとっ
て有利なものであるかのような報道を行っていたことなど
を，資料から読み取ることができます。

　この後，イタリアやドイツがどのように降伏へと向かっ
ていったのか，また，日本がポツダム宣言を受け入れなか
ったことを確認します。次時の授業における導入では，日
本がポツダム宣言を受け入れ，降伏するまでの流れを確認
した後，敗戦に対する考えや思いの違いがわかる資料を提
示します。

T　なぜ敗戦に対する考え方や思いに，このような違い
　　が生まれるのでしょうか。

S　世代によって違いがあったかもしれません。戦争が
　　ない時代で生きていた人は，やめたいと強く感じて
　　いたかもしれないし，小さい頃から，戦うための教
　　育を受けていれば，戦争があることが当たり前と思
　　うかもしれません。

　**平和な時代を生きてきた生徒にとっては，戦争がないこ
とが当たり前でも，戦争の中で生きてきた人々との認識は
異なります。**戦争の長期化は人々の意識にも影響を与えた
ことを理解したうえで，第二次世界大戦ではどのような被
害があったのか調べていきます。

みんな何に夢中に なっているのかな?

(新しいマスメディアの影響)

テレビなど，戦後に生まれた新しいマスメディアが
人々の生活にどのような影響を与えたのかを考えます。

(歴史的分野「戦後の文化」)

(街頭テレビに集まる人々の資料を提示する)

T　<u>みんな何に夢中になっているのかな?</u>

S　テレビです。このころはテレビ自体が珍しかった。

S　プロレス。スポーツ番組!

S　有名な選手を見たかった。

　　(戦後復興期には，アメリカの影響を受けた文化が
　　広まったことを確認する)

T　高度経済成長期になると，人々の間ではどのような
　　電化製品が普及しましたか。

S　前半は白黒テレビ，電気洗濯機，電気冷蔵庫，後半
　　になるとカラーテレビも普及しました。

T　これらの普及により，人々の1日における時間の使
　　い方は，どう変わりましたか。

S　今まで家事に使っていた時間が短くなり，テレビな
　　ど娯楽に使う余裕ができました。

　導入で，この発問について考えることで，このころはテレビ自体が珍しかったことや，新しいマスメディアにより生まれた番組，スター選手など様々な要素が人々を惹きつけたことを捉えられるようにします。

　この後，以下の2つのことについて，班ごとに調べていきます。

①ラジオ，映画，テレビ，週刊誌などの発達により，どのようなスターや人気者が生まれたのか。

②国内だけでなく，世界に影響を与えた人々や文化，イベントにはどのようなものがあったのか。

　ここでは，マスメディアによる国内への影響だけでなく，日本が世界に与える影響力を高めていったことについても理解できるようにします。生徒にとっても聞き覚えのある人物やイベントが多いため，教科書や資料集，インターネット検索を利用して，意欲的に調べていくことを期待しています。

　授業の終結部分では，「戦後に，世界に影響を与える人々が登場したのは，何がきっかけと言えるだろうか」という発問を行います。戦後から復興しようとした人々の意欲や高度経済成長期に電化製品が普及したことにより，時間の余裕が生まれたこと，新しいマスメディアの発達など，**学習した内容を複合的に捉えながら，まとめとしていきます。**

今も変えられずに問題と
なっていることは何かな？

(現代に続く課題)

昭和から平成にかけて大きく変化した時代の中から，現代に続く課題を捉えさせる発問です。

(歴史的分野「激変する日本とアジア」)

(2009年の政権交代の記事を資料として提示する)

T　政権が代わると，何が変わるでしょうか。

S　国の政治をどう進めるかという方針が変わります。

S　経済をどうするかなどの考え方が変わります。

T　昭和から平成にかけて，日本やアジアはどのように大きく変わったのでしょう。10年ごとの年表にまとめましょう。

　(縦軸に1970～現在までの10年ごと，横軸には日本の政治，日本の経済，東アジアに分けて年表を作成する)

S　日本の政治では，年号も昭和から平成，平成から令和に変わってるよ。

S　経済面では，バブル経済の崩壊から，リーマンショックなどもある。

T　このような大きく変化してきた時代の中で，**今も変えられずに問題となっていることは何かな？**

　導入では，政権交代により何が変わるかを確認すること
で，政権交代が国にとって大きな変化であること，昭和か
ら平成はさまざまなことが大きく変化した時代であること
を理解するきっかけとしています。

　展開では，10年ごとの年表を作成し，このころに起きた
大きな出来事を確認していきます。出来事を確認した後，
「50年の間に，日本の政治，日本の経済，東アジアについ
て，どのような変化があったか」を大まかに説明すること
で，昭和から平成にかけて起きた変化の大きさを捉えてい
きます。

　最後に，このキーフレーズによる発問を行うことで，生
徒たちは，アジアの国々との国際関係，領土を巡る問題な
ど，継続している部分に着目して，現代に続く課題を捉え
ていきます。

T　このまま時間が経てば，先ほどのような問題は解決
　　していくのでしょうか。

S　今まで時間が経って，変わっていないことがありま
　　す。アジアの国と話し合いをしていくとか，政治に
　　対しても自分たちが選挙に行くなど，行動すること
　　が大切になると思います。

　今起きている課題に対して傍観者になってしまっては，
よりよい方向に変えることはできません。**行動の必要性に
ついて考えさせ，授業のまとめとします。**

伝統文化のどこは変わらず，どこは変わっているのかな？

(伝統文化の変容)

現代社会における伝統文化の変容を理解させるための発問です。

(公民的分野「伝統文化」)

T　「伝統文化」と聞いて，思いつくものにはどのようなものがありますか。2分間でできるだけたくさん書き出してみましょう。

S　花見，歌舞伎，和食，和服，節分，正月…。
（日本の文化は，日本の自然，稲作，海外の文化とどのようなつながりがあるか確認する）

T　そのようなつながりの中で，日本の文化は育まれてきたのですね。では，そのような伝統文化は変わるものでしょうか。

S　南部鉄器も変わってきていたので，変わると思います。

T　では，**伝統文化のどこは変わらず，どこは変わっているのかな？**

　地理的分野の授業でも伝統的工芸品を扱いましたが，それらを含めた伝統文化が変化していることに気づかせるための発問です。そこで，七五三を例に出し，神社に行ってお祈りをしてもらうものから，写真を記念に撮る人も増えていることを確認します。そこから，それぞれの文化について，下の表のようにまとめることで生徒たちは，伝統文化が様々な部分で変化していることに気づきます。

変わらないこと	伝統文化	変わっていること
成長を祝う	七五三	記念写真を撮る
化粧，身振り手振り	歌舞伎	アニメの表現
食材，日本らしさ	和食	彩り，デザイン

　（これ以外にも，アニメやコスプレなど新しい文化も生まれていることを確認する）

T　日本の伝統文化は，どのようなことに影響を受けて変わることがあるのでしょうか。

S　人々がほしがっているものが変わると，影響を受けます。

S　日本に海外の文化が入ってくるような，「グローバル化」の影響が見られます。

　最後は，**伝統的な生活様式が現代社会の変化に影響を受けて変容している**ことを理解できるよう発問を行い，まとめとします。

立憲主義と民主主義，片方が
欠けると何が起きるかな？

（立憲主義と民主主義の意味）

立憲主義と民主主義の両方が存在することで，国民の権利が守られることに気づかせるための発問です。

（公民的分野「日本国憲法」）

T　現在，世界で一番新しい国と言われている南スーダン共和国。独立式典で，初代大統領となったサルバ・キール大統領が掲げているものは何でしょう。

S　新しい憲法です。

T　なぜ国民に向かって新憲法を掲げているのでしょう。

S　新しい国づくりをするとアピールしています。
（国家権力とはどんな力か，国家権力が暴走によりどんなことが起きたのかを確認する）（国家権力を正しく使うにあたって民主主義がなぜ大切なのか，少数意見の尊重が大切であることを確認する）

T　国家権力を正しく使うために，民主主義だけでなく，なぜ立憲主義が必要とされてきたのでしょうか。

S　憲法に基づいていないと，権力の暴走が起きます。

T　<u>立憲主義と民主主義，片方が欠けると何が起きるかな？</u>

S 　立憲主義の考え方が欠けると，民主主義で国の代表を決めたとしても，その人が独裁政治を行うかもしれません。

S 　民主主義の考え方が欠けると，みんなが納得できないルールになってしまいます。

T 　なぜサルバ・キール大統領は，国民に向かって新憲法を掲げているのだと思いますか。今の考えをもう一度書きましょう。

S 　今から，憲法に基づいた国づくりを行っていくということを宣言しています。

S 　国民全員が参加して政治を行っていくという考えを示しています。

　民主主義が大切であると考えている生徒は少なくありません。すべての人々がきまりをつくる過程に参加することで納得しやすくなることなど，民主主義のメリットについては比較的予想しやすいからです。

　しかし「憲法によって，国家権力の濫用を防ぐ」という考え方がなければ，たとえ民主主義を取り入れていたとしても，権力の暴走が起きる可能性があります。

　そこで，2つの主義の両立が最終的に国家権力を正しく使い，国民の権利を守ることにつながっていることに気づけるようにするとともに，**単元を通じた学習の中で「日本国憲法が存在する意義」**について理解を深めていく契機となるようにしています。

日本国憲法ができて，私たちはどんなことに安心できるようになったのかな？

（日本国憲法の役割）

日本国憲法が，日常生活の中で果たしている役割について考えさせるための発問です。

（公民的分野「日本国憲法」）

（大日本帝国憲法と日本国憲法の成立過程を穴埋めプリントで確認し，立憲主義，民主主義，人権保障とは，どのような考え方だったか，学習経験をもとに振り返る）

T 天皇主権であった大日本帝国憲法に，立憲主義，民主主義，人権保障という考え方は取り入れられていたのでしょうか。今までの学習を振り返って予想しよう。

S 天皇がいろんなことを決めていたので，その考え方は入っていなかったと思う。

T では，実際に調べて表にまとめよう。

（調べた内容を確認し，さらに日本国憲法の成立で何が変わったか考える）

T **日本国憲法ができて，私たちはどんなことに安心できるようになったのかな？**

	大日本帝国憲法に 立憲主義，民主主義，人権保障の 考え方は取り入れられていたのか	日本国憲法の成立で 何が変わったのか
立憲主義 憲法によって国家 権力の濫用を防ぐ	主権者は天皇	主権者は国民， 天皇は象徴 平和主義，三権分立，地方自治 などによる権力の分立
民主主義 すべての国民が決 定に参加すべき	法律の制定→帝国議会の同意が必要 一部の男性には選挙権があった	男女普通選挙の実現 国民主権
人権保障 人々の基本的人権 を大切にする	「臣民の権利」として法律の範囲内 で認められる	基本的人権の尊重

　授業のまとめでこのキーフレーズを使うことで，日本国憲法が，日常生活の中で果たしている役割について考えていきます。

　多くの生徒は，大日本帝国憲法では，天皇主権によって，立憲主義，民主主義，人権保障の考え方は入っていない，またはほとんど取り入れられていないと予想します。しかし，学習活動を進める中で，大日本帝国憲法にもそれらの考え方が取り入れられている部分があったが，不十分であったことや仕組みが整っていなかったことに気づきます。

　この後「日本国憲法の成立で何が変わったのか」を考えることで，立憲主義，民主主義，人権保障の考え方がさらに強くなり，仕組みも整えられたことを捉えていきます。

　普段の生活の中で，日本国憲法が果たしている役割を実感している生徒は多くないでしょう。**教師の発問によって，日常生活の中にある「見えているようで，見えていなかったこと」に焦点を当てていきます。**

法律があれば，偏見や差別のない
社会をつくることができるのかな？

（差別解消に向けた意欲）

偏見や差別をなくすために，どのような法やしくみがあるかを理解し，差別解消に向けて意欲を高めます。

（公民的分野「差別解消に向けて」）

（差別解消を訴え，運動を起こす人々の画像を提示する）

T 法の下の平等が憲法で保障されているにもかかわらず，なぜこの人たちは差別をする人，される人をなくそうという運動をしているのでしょうか。

S 実際には，憲法で保障されていても差別が行われているからだと思います。

T 次のような偏見や差別は，どのような人々に対して行われることがあるのでしょうか。
（結婚について周囲が反対する，結婚や職場で不利な扱いをする，独自の文化の継承や保存がはかられていないなどの行為が，どのような人々に対して行われることがあるのかを考え，偏見や差別をなくすためにどのような法律があるかを確認する）

T **法律があれば，偏見や差別のない社会をつくることができるのかな？**

　展開では，偏見や差別のない社会を目指したどのような法律があるのかを確認します。

　この発問を行った後，ハンセン病患者に対する人権侵害が行われていたことがわかる動画（NHK for School『"人権"ってなんだ？』）を視聴します。平等権が保障されている中でも一定の場所以外で生活することができなかったことなど，憲法が制定されている現代社会でも偏見や差別が残っていた，残っていることに気づくようにします。

　よりよい社会を実現するために，個人の意識や行動について考えることは大切です。しかし，**このキーフレーズだけでは，法や社会の制度が果たす役割など「社会的な側面」を捉えるには不十分**です。

　そこで，続けて以下のような発問を行います。

S　　憲法や法律だけでは，すべての偏見や差別をなくすことは難しいと思います。一人ひとりが差別をなくそうと意識することが大切です。

T　　**では，差別のない社会を目指してつくられた法律にはどのような意味があるのでしょうか。**

　　　（『障害者差別解消法リーフレット』（内閣府）を提示する）

S　　どのような社会を目指しているのかが，法律によってわかります。また，差別と合理的配慮の違いがわかります。

　個人の意識や行動の重要性，社会にある法や制度の役割などから，多面的に考えられるようにします。

なぜごみ袋の値段が地域によって違うのかな？

(自治体ごとの取組の違い)

地域によって行われる政治が異なることを捉え，自治体ごとの取組に興味をもてるようにします。

(公民的分野「地方自治」)

(自分たちが所属する自治体のごみ袋を見せる)

T　このごみ袋は１枚いくらか知っていますか。

S　１枚100円くらいじゃない？

S　もっと安かったはず！

T　このごみ袋は１枚約20〜30円です。では，北海道えりも町のごみ袋は１枚いくらでしょうか。

S　だいたいどこも同じくらいじゃないかな…。

T　同じ45ℓの大きさで１枚200円です（2022年）。また，大阪市には指定のごみ袋はありません。

S　えっ，なんで…!?

T　**なぜごみ袋の値段が地域によって違うのかな？**

S　出るごみの量が違うから，処理にかかる費用も変わってくるんじゃない？

地方自治の導入として，地域ごとに実態が異なることを捉えていきます。ごみの収集方法や処理方法は，地域の実情に合わせているため，ごみ袋の価格も地域ごとに異なります。**ごみ袋は生徒にとっても身近なものであり，地域の実情を捉えやすい教材**です。

（地方自治の本旨について確認した後）

T　みなさんの所属する自治体では，地域のためにどのような仕事を行っているのでしょうか。

　　（住民の安全を守る仕事，生活を支える基盤を整備する仕事，住民の生活を維持・向上させる仕事に分けて調べる）

S　防災のためにハザードマップを作成していたり，交通面で危険な箇所にはカーブミラーやガードレールを設置しています。

T　地方の政治を，全て国が行うとどのような問題が生まれますか。効率と公正の観点から考えてみよう。

S　同じ取組をしても，ある地方の人々にとっては効果があっても，他の地方では逆効果になることがあるかもしれません。

T　今，地方分権が進められていますが，地方分権にはどのようなことが期待されているのでしょうか。

S　住民の意見を聞いて，地方の実情にあった政治を，素早く実現させることが期待されると思います。

　最後は，なぜ地方分権を進めようとしているのか，効率と公正の観点から考え，まとめとします。

保護者の方は，地域住民として
どう考えるかな？

(保護者に意見をもらうための発問)

　生徒が考えたアイデアについて，保護者から意見を
もらうために行う発問です。

(公民的分野「地方自治への参加」)

(姫路のまちを美しく安全で快適にする条例を紹介
する)

T　この条例には「（前略）世界文化遺産を有する姫路
　にふさわしい美しく安全で快適なまちづくりを推進
　する」という目的があります。この目的を達成する
　ためにどのようなことができるのか，みなさんもア
　イデアを出し合って考えましょう。

S　(市の取組を調べ目的を達成するためにはどんな課
　題があるかを確認した後，班ごとに案を出し合う)

T　みなさんが考えたアイデアを保護者の方に見てもら
　って，意見をもらいましょう。

S　家の人に見られるのは，はずかしいです…。

T　それぞれ事情もあると思うので，できる範囲で構い
　ません。**保護者の方は，地域住民としてどう考える
　かな？**　保護者の方の意見を聞くことは，みなさん
　の考えをさらによいものにすることにつながります。

　生徒ではなく，保護者に協力してもらうために行う発問です。「地域の住民としてどう考えるか」という視点で，保護者から客観的な意見を聞くことができます。生徒たちは，このアンケート結果をもとに再検討し，自分たちのアイデアをブラッシュアップしていきます。

　第三者から意見を聞くことのよさは，生徒がもっていない視点からの意見をもらうことができることです。実際に地域に住んでいる住民だからこそ気づくことができる意見を聞くことができます。

　この授業では Google Forms を使って，保護者にアンケートを行っています。実現可能性や効果について10段階評価を行い，アイデアのよいところや，改善した方がよいところなど，気づいた点を文章で回答してもらうようにします。

　ICT の利用により，第三者の意見を聞きやすくなったのは大きなメリットです。地域の住民から評価されることで，生徒が地域の政治に参加している実感を得ることができます。それが肯定的な評価であれば，政治に参加しようとする意欲も一層高まるでしょう。

　注意点として，アンケートを行う際には，**保護者以外から回答をもらってもよいことを伝えるなど，家庭によって事情が異なることに配慮しながら，アンケートを実施することが必要**です。

企業と社会全体にとって，どんなよさが生まれるのかな？

（責任を果たすことで生まれる利益）

　企業が社会的責任を果たすことで，企業や社会全体にとってどんなよさが生まれるかを問う発問です。

（公民的分野「企業の社会的責任」）

　　　（東日本大震災における被災地で，企業が炊き出しなど，食事を提供している資料を提示する）

T　なぜ利益が出ないのに，被災地で企業が活動しているのでしょうか。

S　ボランティア活動をすることで宣伝になります。

T　企業が社会的責任を果たしていくことで，**企業と社会全体にとって，どんなよさが生まれるのかな？**

　　　（クラゲチャートを用いたワークシートで，労働者，投資家，消費者，国際社会，環境への責任をどのように果たすかを下部に記入し，上部にキーフレーズに対する考えを記入する）

S　企業にとってはよいイメージをもってもらい，最終的な利益につながります。社会全体にとっては，信頼感のある経済活動になってくると思います。

　企業は利益を生むために経済活動を行います。その目的と，直接的な利益につながりそうにない場所で活動をすることのギャップから，生徒が興味・関心をもてるようにします。

　その後，このキーフレーズによる発問を行います。多くの生徒が考える，企業が責任を果たす相手は「消費者」です。それだけでなく，様々な相手に対してどのような責任を果たしているのか考えられるよう，下のようなクラゲチャートを用います。

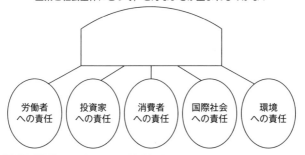

企業が社会的責任を果たしていくことで，
企業と社会全体にとって，どんなよさが生まれるのかな？

労働者への責任　投資家への責任　消費者への責任　国際社会への責任　環境への責任

　最初は「ボランティアのため」「広告活動のため」と考えていた生徒たちも，企業と消費者，社会の中で信頼関係が構築されることで，より多くの利益が生まれることに気づきます。それぞれの企業がよりよい経済活動を続け，社会的責任を果たしていくことで，最終的には社会全体の利益となることを捉えていきます。

　このような学習を通して，将来的に生徒がより広い視野で経済活動が行えることを期待しています。

円の価値が上がったのか，
下がったのか，どちらかな？

(円高，円安)

円高，円安とはどのように円の価値が変わることな
のかを確認するための発問です。

(公民的分野「為替の変動と影響」)

(為替相場とはどのようなものか確認する)

T 1ドル＝100円が1ドル＝90円になりました。これ
は**円の価値が上がったのか，下がったのか，どちら
かな？** どちらかに手をあげてください。

(挙手で今の考えを確認する)

S 金額が下がってるから，価値は下がってる？

T これは円の価値が上がっている状態です。例えば，
海外から1ドルのポテトチップスを買うとします。
最初はいくら必要でしたか。

S 100円です。

T では1ドル90円になりました。いくら払いますか。

S 90円です。あっ，そういうことか！

T そうですね。90円出せばポテトチップスが買えるの
で，円の価値が上がっています。この状態を円高と
いいます。

円高：1ドル100円→1ドル90円	
円高を日本から見ると…	円高を海外から見ると…
1ドルのものを買うのに（100）円必要だったのが（90）円で買えるようになる！	1ドルで（100）円のものが買えたのに（90）円のものしか買えない…
円高は，どんな企業にとって有利で，私たちの家計にどんな影響を与えるのだろうか。	

円安：1ドル100円→1ドル110円	
円安を日本から見ると…	円安を海外から見ると…
1ドルのものを（100）円で買えたのに（110）円必要になる…	1ドルで（100）円のものしか買えなかったのに，（110）円のものが買えるようになる！
円安は，どんな企業にとって有利で，私たちの家計にどんな影響を与えるのだろうか。	

　為替の変動と影響における学習では，お金の価値が変わるという考え方をどのように生徒に理解させるかが難しいところです。そこで，この発問を行い，**スモールステップで，円高，円安に関する理解を深めていきます。**

　この発問によって，円高，円安がどのような状態かは理解していきますが，「どんな影響を与えるか」まで理解することはできていません。そこで，日本から見たとき，海外から見たとき，それぞれの立場から考えていきます。「日本と海外で立場が変わったときに，どのようなメリット，デメリットがあるのか」が捉えられると，円高，円安が企業や家計にどのような影響を与えるのかを理解しやすくなります。

　最後は「円高，円安は企業や家計にどのような影響を与えるのか」について，理由をあげながら説明するように指示します。ここまでの展開で学んだことを生かし，より深い理解に到達できるようにします。

日本が活躍するために，どんな取組ができるかな？

（国際的な視野で見た日本経済）

グローバル化やデジタル化による経済的な変化を理解し，国際的な視野から日本経済について考えます。

（公民的分野「これからの日本経済」）

T　みなさんはメルカリを利用したことがありますか。また，どのような仕組みになっているのでしょうか。

S　あります！　他の人が出品したものを買う仕組みになっています。

T　ICT を通じて，人がもつものやサービスを他の人につなぐ仕組みを「シェアリングエコノミー」といいます。このように，経済においてもデジタル化が進んで，影響を与えています。
　　では，世界経済においてグローバル化やデジタル化が進む中で，**日本が活躍するために，どんな取組ができるかな？**

S　グローバル化やデジタル化が進み，様々な商品を安く手に入れることができる機会も増えています。でも，国内での仕事が減ることもあります。日本の産業を守りつつ，海外とつながる仕組みが必要です。

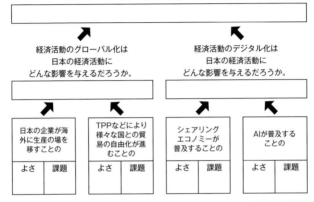

世界経済におけるグローバル化やデジタル化が進む中で，
日本が活躍するためにどんな取組ができるだろうか。

経済活動のグローバル化は
日本の経済活動に
どんな影響を与えるだろうか。

経済活動のデジタル化は
日本の経済活動に
どんな影響を与えるだろうか。

日本の企業が海外に生産の場を移すことの		TPPなどにより様々な国との貿易の自由化が進むことの		シェアリングエコノミーが普及することの		AIが普及することの	
よさ	課題	よさ	課題	よさ	課題	よさ	課題

　上のワークシートを使い，下段の発問から上段の発問へと考えていきます。ワークシートの下段は，シェアリングエコノミーが普及することのよさと課題など，グローバル化とデジタル化が経済に与える影響について，具体的な事例をもとに考えます。

　中段では「グローバル化やデジタル化が日本の経済活動にどのような影響を与えるか」について考えます。グローバル化については「海外との結びつきが強くなる反面，産業の空洞化が進んでいること」や，デジタル化については「効率的になる一方で，信頼性に課題があることや，人々の職業の減少が懸念されていること」などのように，よさと課題の両面から考えたことを生かしてまとめていきます。

　このように，**具体的な内容から抽象的な内容へと学習を進めることで，生徒が抽象的な内容についても考えやすくなるようにしています。**

先進国が発展途上国に製品を
つくらせるのをやめてはどうかな？

（貧困問題への取組）

貧困に悩む国が自立するために，どんなことができるのか多面的に考えさせるための発問です。

（公民的分野「貧困問題の解消」）

T　みなさんは1日210円以内で生活しなさいと言われたら，どのように生活しますか。

S　食費だけですか？

T　食費だけでなく，光熱費や水道代なども含めます。

S　え〜っ，生活できない！　水だけ飲む。

T　世界では，約10人に1人が1.9ドル未満，210円以内（2015年）で生活する「貧困」の状態にあります。
（「貧困が起きる原因について先進国は関係ないのだろうか」と問い，先進国が不当に労働条件を切り下げ，発展途上国に製品を生産させていた事例を紹介する）

S　先進国が原因で貧困が生まれる場合もあるんですね。

T　そうですね。では，**先進国が発展途上国に製品をつくらせるのをやめてはどうかな？**　あなたは賛成ですか？　反対ですか？

　費用面における援助ですべての問題が解消されるほど，貧困問題は単純ではありません。この発問に賛成すれば，労働問題が解消する代わりに，発展途上国では仕事がなくなってしまいます。反対すれば，先進国が原因となって，新たな貧困を生み出す可能性があります。そのようなジレンマを解消し，発展途上国が自立していくためには，どのような協力関係や支援が必要になるかを考えていきます。

　このように，「選ばなければいけない」という葛藤が生徒の中に生まれると，話し合いがより活発なものになっていきます。

S　　反対です。これから発展途上国が経済的に豊かになるためには仕事が必要です。その仕事を奪うのではなく，働き方を大切にしながら，仕事を続けることがよいと思います。

S　　なるほど。でも，それだといつまでも発展途上国は先進国の下請けから抜け出せないから，発展途上国が生産したものを買う仕組みをつくるのはどうかな。

　生徒同士で対話を重ねていく中で，多面的・多角的に考えていきます。複雑な問題であるからこそ，今まで学習してきた効率や公正の観点も組み合わせながら，よりよい解決方法を提案できるようになることを期待しています。

　授業のまとめでは，ここまで学習してきたことをさらに別の事象でも使えるよう，先進国の犠牲になっている人はいないのかという視点から，食糧不足とフードロスの問題について考えていきます。

参考文献一覧

・文部科学省（2018）『中学校学習指導要領解説　社会編』（東洋館出版社）

・米田豊（2021）『「主体的に学習に取り組む態度」を育てる社会科授業づくりと評価』（明治図書）pp.19-24

・角田将士（2022）『NG 分析から導く社会科授業の新公式』（明治図書）

・北俊夫（2020）『あなたの社会科授業は間違っていませんか』（明治図書）

・大前暁政（2021）『本当は大切だけど，誰も教えてくれない　授業デザイン41のこと』（明治図書）

・イアン・レズリー著／須川綾子訳（2016）『子どもは40000回質問する　あなたの人生を創る「好奇心」の驚くべき力』（光文社）

・宗實直樹（2021）『深い学びに導く社会科新発問パターン集』（明治図書）

・川端裕介（2021）『川端裕介の中学校社会科授業　見方・考え方を働かせる発問スキル50』（明治図書）

・株式会社アンド（2019）『思考法図鑑　ひらめきを生む問題解決・アイデア発想のアプローチ60』（翔泳社）

・『教育科学　社会科教育』2021年12月号（明治図書）

・『教育科学　社会科教育』2022年8月号（明治図書）

・令和3年度版教科書『社会科　中学生の地理　世界の姿と日本の国土』指導書，指導用教科書（帝国書院）

・令和3年度版教科書『社会科　中学生の歴史　日本の歩みと世界の動き』指導書，指導用教科書（帝国書院）

・令和3年度版教科書『社会科　中学生の公民　よりよい社会を目指して』指導書，指導用教科書（帝国書院）

【著者紹介】

林　大志郎（はやし　たいしろう）

1987年生まれ。兵庫県公立中学校教諭。
生徒の「知的好奇心」を育てる社会科授業づくりを心がけ，
日々実践を重ねている。Twitter 上で，中学社会科授業ネタ
1000個づくりにチャレンジ中。

Twitter アカウント
リトルブッシュ@ 社会科の先生
@taipingood

中学校社会科授業　発問・言葉かけ大全
生徒が考えたくなるキーフレーズ100

2023年6月初版第1刷刊 ©著　者	林		大	志		郎
発行者	藤		原	光		政
発行所	明治図書出版株式会社					

http://www.meijitosho.co.jp
（企画）矢口郁雄（校正）大内奈々子
〒114-0023　東京都北区滝野川7-46-1
振替00160-5-151318　電話03(5907)6701
ご注文窓口　電話03(5907)6668

＊検印省略　　　　　組版所 長野印刷商工株式会社

本書の無断コピーは，著作権・出版権にふれます。ご注意ください。

Printed in Japan　　　　　ISBN978-4-18-244220-9
もれなくクーポンがもらえる！読者アンケートはこちらから